［改訂版］

会計事務所

売上1億円突破へのロードマップ

Nobuyuki Ooya
大谷　展之 著

第一法規

改訂版発刊にあたって

こんにちは。会計事務所専門コンサルタント　株式会社ｏｏｙａビジネスクリエイトの大谷　展之（おおや　のぶゆき）と申します。この度、二〇一四年に出版させていただきました『会計事務所　売上一億円突破のロードマップ』の改訂版を発売させていただくことになりました。

『会計事務所　売上一億円突破のロードマップ』はタイトルどおり、売上三〇〇〇万円前後の会計事務所が売上一億円の突破とさらなる拡大を目指す際に、段階を追って出現するさまざまな壁（売上三〇〇〇万円の壁・七〇〇〇万円の壁・一億二〇〇〇万円の壁ほか）の突破法について、わかりやすく解説した書です。

おかげさまで初版の発売と同時にたくさんの反響をいただきました。例えば、

- 今まで、あまり事務所の拡大に興味がなかったが、この本を読んでまずは「売上一億円」を目指してみようと思った。
- 今自分が事務所運営で苦労しているのは、まさに売上七〇〇〇万円の壁に直面してい

たからなのだと自覚できた。

・この本を初めて読んだとき、この著者は何でこんなにわれわれのことを知っているのだろうと思った。まさに今自分が直面している課題を見透かされているような気がした。

・事務所の成長を考えるうえでこれほど段階を踏んで、詳細に書かれている本はないと思った。あれから色違いの蛍光ペンを引いて、五回以上は読み返した。

などなど、私の予想を大幅に超える反響を頂戴いたしました。

私なりに時間をかけて執筆いたしましたので、このような反響をいただいてとてもうれしかったのを覚えております。

そして今、二〇二三年末。初版から九年の月日が流れ、世の中全体も、会計業界を取り巻く環境も大きく変わりました。あるビジネス誌の特集では頻繁に「ＡＩでなくなる職業の筆頭」に挙げられ、多くの税理士事務所の不安をあおっています。

しかし、果たして本当にそうでしょうか？　そもそも外部環境は常に変化するものです。そして経営とは「外部環境の変化に適合させること」です。ですから私は「ＡＩの出現」や「顧客心理の変化」も一つの環境変化としか捉えていませんので、そこに事務所の方向性や提供する商品・サービスを適合させていけばよいと思っています。

また、同時に「人を採用しながら事務所を拡大していく成長ステップ」については、あまり時代に左右されない普遍的なものですので、そこは原理原則に則った経営を行えばよいと考えています。

しかしながら、九年もたちますと、マーケティングの手法や人材採用の方法など、当時とは異なる部分もありますので改訂版では主に、その部分について加筆・修正を加え、アップデートすることにしました。

『会計事務所　売上一億円突破へのロードマップ』はこれまでも、多くの所長先生に「事務所経営のバイブル」として活用いただいていましたが、これからも時代の変化に合わせて違和感なくお読みいただけるように改訂しましたので、本書を机の傍らに置いて、事務所のさらなる拡大を目指していただけますと幸いです。ぜひ最後までお読みください。

二〇二三年一二月吉日

株式会社ooyaビジネスクリエイト　代表取締役　大谷　展之

図解

売上一億円突破へのロードマップ

※「売上一億円突破」の事務所になるための手順と方法が一覧できるように図にまとめました。

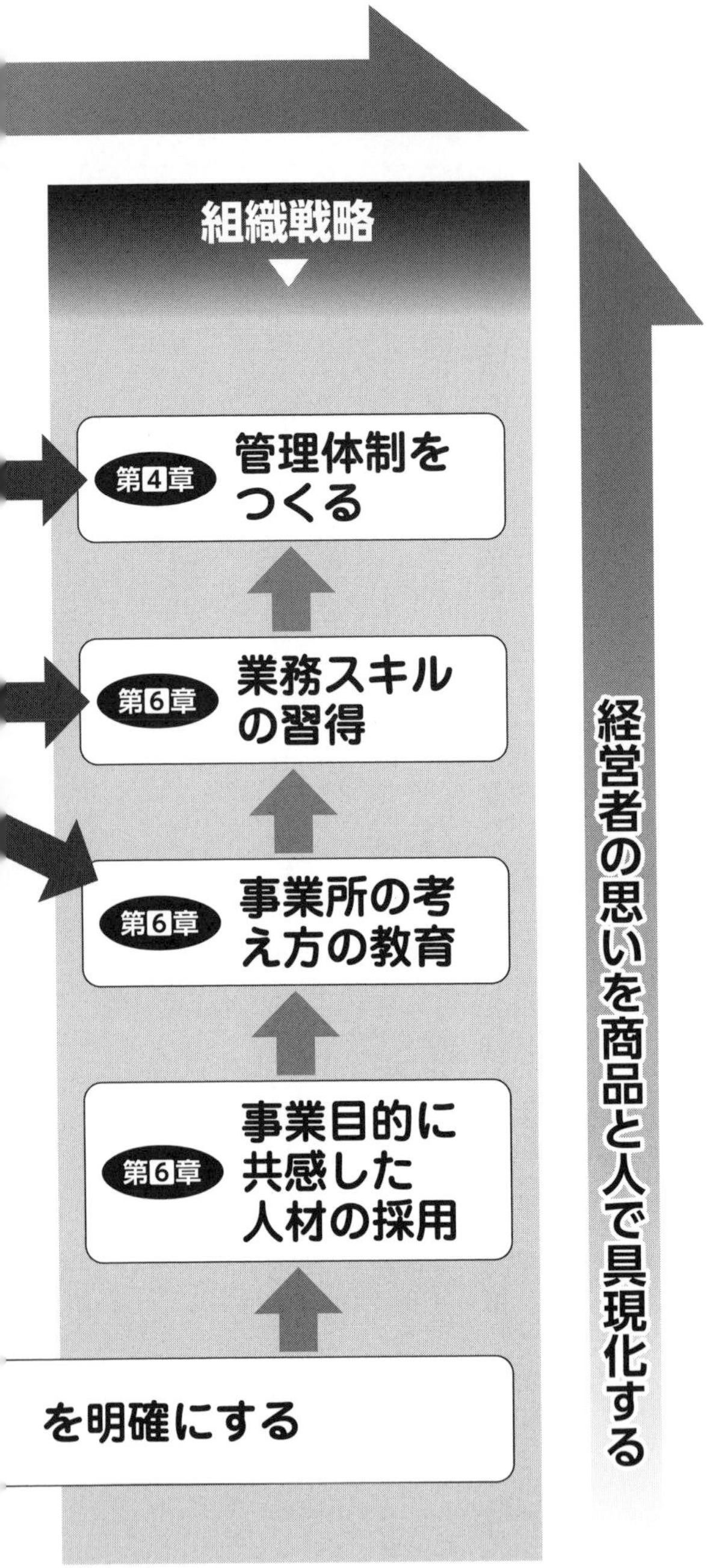

事業戦略を仕組みに落とし込む

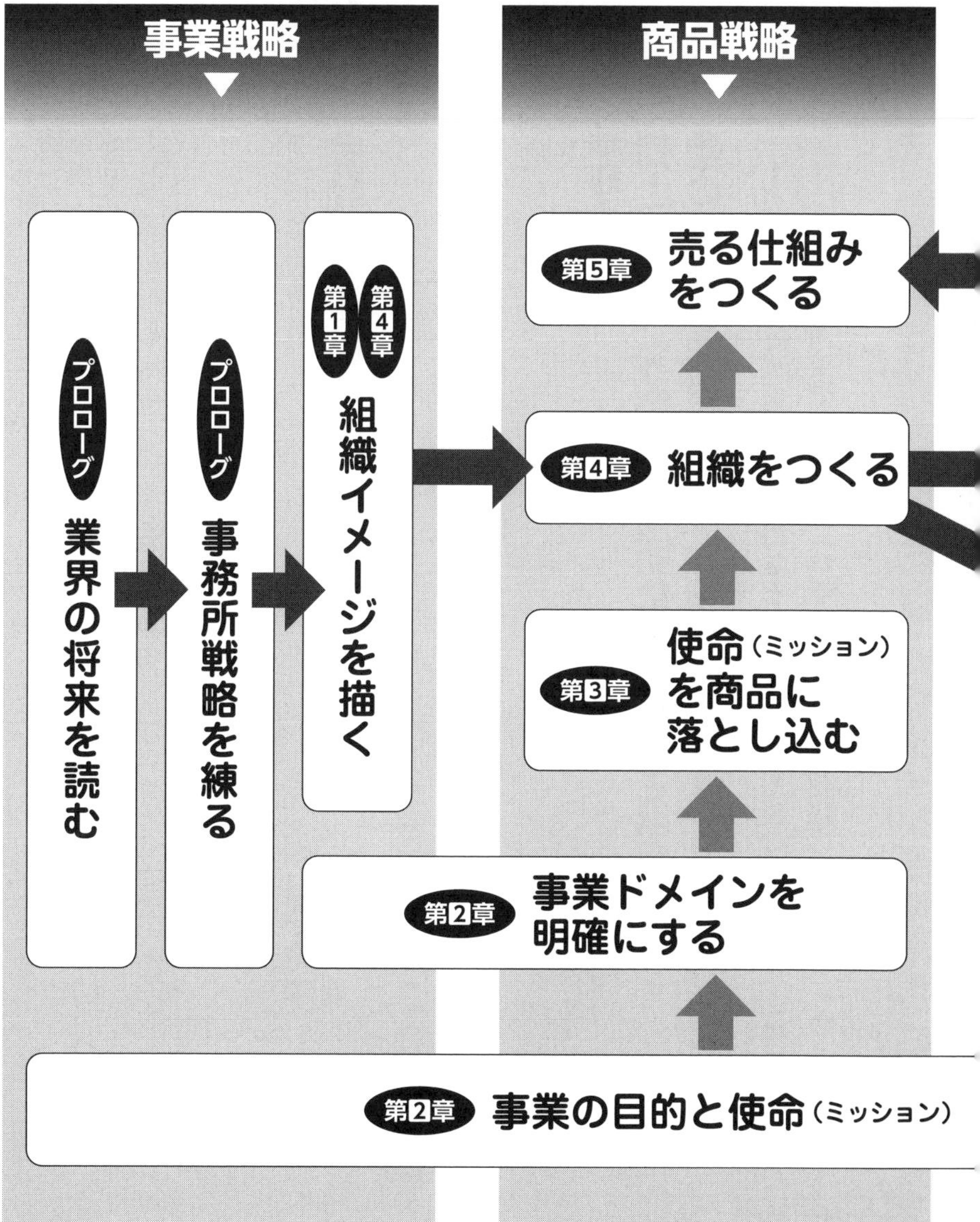

第2章
ミッション（使命）を明確にすることが一億円突破の第一歩

第3章
商品をつくる

第6章
人材の採用と育成

プロローグ

会計事務所の今後に向けて

1 これからの会計事務所が進むべき方向性とは

それでは、本編に入る前に、読者の皆様の認識と私の認識の擦り合わせをさせていただくため、事務所拡大の前提となる方向性をお伝えしたいと思います。

① 多くの中小企業経営者は会計事務所に何を求めているのか？

事務所経営に熱心な読者の皆様であれば、昨今の外部環境の急激な変化を受け、「これから会計事務所はどうなるのか？　自分の事務所は何を目指すべきなのか？」と日々考えを巡らせていらっしゃることと思います。

そこで私がまず申しあげておきたいのは、「職員数一五人→二〇人→三〇人といった規模の拡大をお考えの先生」と「職員数七人～一〇人程度で『自分の目の届く範囲で経営したい』とお考えの先生では、事務所戦略の考え方がまったく異なる」ということです。

例えば、最近、よく相談においでになる所長先生が異口同音におっしゃることは「これからは記帳代行や決算申告の仕事は単価も下がるし、やがては消えてなくなるだろうから、会計事務所はより付加価値の高い、経営支援業務を目指さなければならない」ということです。本書をお読みの皆様の中にも同様の考えをお持ちの方も多いのではないでしょうか？

それに対して私がよく申しあげることは、①記帳代行と決算申告が今後なくなるのかどうか現時点では断言できないし、仮になくなるとしても何年後になくなるのかはわからない、②多くの税理士の皆様に耳障りの良い「経営支援型事務所」や「高付加価値化」を果たしてお客様が本当に求めているのか？　仮に求めているにしても、それだけで会計事務所が食べていけるだけのマーケットがあるのか？　と考えると甚だ疑問である、ということです。そこで、図を使って私の考えを簡単にお伝えいたします。

まず、次頁の図は、私がコンサルティング先や勉強会の会員様に説明するときによく使うもので、「中小企業の規模別に会計事務所の皆様に求めること」を整理したものです。

簡単に説明しますと、会計事務所の顧問先のニーズの規模別分類では、大きく①売上五〇〇〇万円未満、②五〇〇〇万円～二億円未満、③売上二億円～三〇億円未満に分けることができます。

そして、最も規模の小さい売上五〇〇〇万円未満の零細企業が会計事務所に求めているサービスは①記帳代行、②決算申告、③社保の手続、④給与計算、⑤あとは必要なときに必要なことを相談できればよい、というものがほとんどです。

続いて、規模の一段階大きな売上五〇〇〇万円～二億円前後の企業になると、会計事務所に対するニーズは多様化します。例えば、これから多店舗展開をしたい、設備投資をして事業を拡大したい、人を採用して大きくしたいという企業の場合

会計事務所に対する中小企業の規模別ニーズ

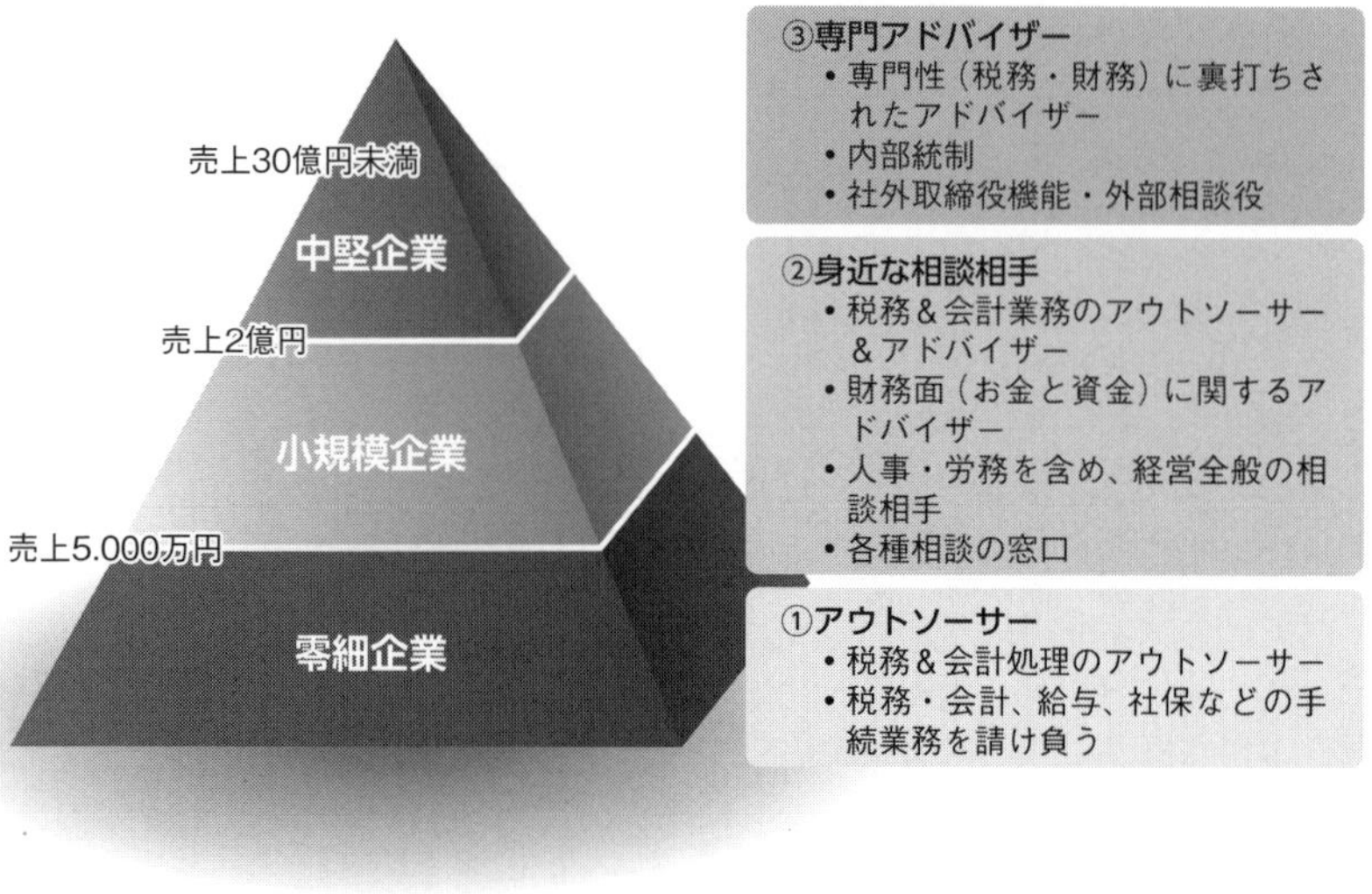

は、主に融資や金融機関対策に関する相談がメインとなるでしょうし、後継者も決まってやがてはご子息に会社を譲りたいという企業の場合、事業承継について相談したい、代替わりするまでに財務体質の立派な会社にして、安心して譲れる状態にしたいといった財務面の相談も出てきます。また、この規模の場合、従来のビジネスモデルが時代に合わず、大幅な赤字であったり、資金繰りが厳しく、とにかく「お金の相談をしたい」というニーズも出てきます。ですから、この小規模企業については、顧問先の状況によってニーズが異なると考えた方がよいでしょう。

そして二億円を超えて三〇億円未満となると、内部に経理や財務がわかる方がいる場合がほとんどですので、社内ではわからない高度な税務アドバイスが欲しい企業もありますが、上場企業の子会社のため、決算までは社内で組めるので、チェックと申告だけしてくれればよいといったケースもあり、専門的アドバイスを要する企業とそうでない企業でニーズは二極化しています。

ですから、一般的には「会計事務所は何を目指すべきか？」といった会計事務所をひとくくりにした議論がよくなされていますが、私の立場で申しあげると「対象顧客が誰かを決めない議論はナンセンスである」と思っております。

参考までに、統計データによって若干の幅はありますが、全事業者売上の七〇％超は「売上五〇〇〇万円未満の事業者」ですので、これまでの流れから申しあげますと、ほとんどの中小企業経営者は「会計事務所には記帳と申告と社保の手続＆給与計算、そして必要なときに必要なことだけ相談できればよいと思っている」ということになります。

ですから、多くの税理士事務所の方々が「経営支援型事務所」や「高付加価値型事務所」を目指されていることは私も理解はしていますが、そう

いったサービスを求めている中小企業は全体の二～三割しかない、という事実は理解しておく必要があると思います。

②　事務所を大きくするか、大きくしないか、で分かれる事務所戦略

では、前述の内容を踏まえ、どのように今後の事務所戦略を考えたらよいかということですが、

◉規模を拡大しないなら

もし、規模を拡大せず、五～七人前後の事務所を目指すなら、「所長先生（所長兼プレーヤー）」＋「ベテラン職員二～三人」＋「パート社員一～二人」で「経営支援型事務所」を目指すということは戦略的にはあり得ることでしょう。ただし、

1　経営支援を必要とする会社が果たして地元

にどれだけあるのか？　他の多くの会計事務所も狙っているその規模の企業をどうやって獲得するのか？　自事務所よりも規模の大きなお客様から選ばれる理由が果たして事務所にあるのか？

2　年々激化する採用難の中で、経験を必要とする職員がいなければ提供できないサービスを事務所の柱に据えることが果たして可能なのか？　もし今いる職員が辞めてしまった場合、その先はどうなるのか？

3　所長先生が50代後半をすぎても「生涯プレーヤー」として働き続ける覚悟があるのか？

という三点をクリアできる見通しがあるのか？については、しっかりと考えてから事務所の方向性を決めた方がよいでしょう。

◉ 一五人→二〇人→三〇人と規模の拡大を目指すなら

対して、もし、一五人→二〇人→三〇人と規模の拡大を目指すなら、私は売上五〇〇〇万円未満の零細企業を主軸にしながら、その上の五〇〇〇万円～二億円企業も拾っていくというモデルをお勧めします。その理由は、

1　地域に存在する中小企業の大半は売上五〇〇〇万円未満の零細企業だから（現時点でも自事務所の全顧問先の四〇～六〇％はこの層なのではないでしょうか？）。

2　昨今の中小企業経営者の会計事務所に対するニーズは「記帳代行と決算申告と給与計算と社保の手続だけやってくれればあとは何もしなくてよい、相談したいときだけ相談に乗ってくれればよい」であって、多くの会計事務所が求める「経営支援ニーズ」はほとんどないから。

3　事務所拡大に不可欠な人材も、「経験者の採用はほぼ無理で、未経験者を採用して育成するしかない」という実態をみると、経験の浅い若手職員でも担当できる「零細企業」を増やす必要があるから。

4　多くの会計事務所が「零細企業を対象とした顧問契約は儲《もう》からない」と思っているが、それは会計事務所が「求めていないお客様に過剰なサービスを提供しているから」であり、「お客様が求めるサービスだけを適正な料金で提供すればきちんと利益が出ること」を私自身がよく知っているから。

5　そして、母集団である「零細企業」が増えれば、それに伴って五〇〇〇万円～二億円のお客様も増え、経営支援型の仕事も増加し、仕事の質と職員の人数構成のバランスも取れるから。

以上は私が日頃からご支援先様や経営勉強会（会計事務所5％倶楽部®）の方々にお伝えしていることですが、この方向でこのとおりやってくださっている先生方は毎年少なくとも一〇〇〇万円～一五〇〇万円は売上を伸ばしています。

　ですから、事務所を拡大しないのであれば「経営支援型事務所」を目指してもよいと思いますが、もし事務所の規模的拡大を目指すのであれば、例え耳障り良く聞こえても「経営支援型事務所」は目指さないことをお勧めします。

2 あなたの事務所が「売上一億円突破の事務所」を目指すわけ

では、事務所拡大を目指す会計事務所の方向性をご理解いただけたところで、会計事務所が売上一億円を突破すると業界の中でどのあたりの位置づけとなるのか？　について確認しておきましょう。

① 会計事務所の規模別分布について

次の表は本書（改訂前）の出版当時最新の「従業員規模別税理士事務所・税理士法人事業所数」と最新令和三年調査のデータを比較したものです。

ご覧いただいてまず目にとまるのが、従業員規模二～四人と五人～九人の事務所数が減って、一〇人～一九人、二〇人～二九人を中心に事務所数が増えているということです。これは皆様もお察しのとおり、小規模事務所の合併と吸収、統廃合、廃業がこの十数年で著しく進んだことを意味するものと思われます。

これによって会計業界の規模別分布も若干変化をして、従業員数四名以下の事務所が全体の六〇％

従業員規模別税理士事務所・税理士法人事業所数

従業員規模	個人事務所	税理士法人	令和3年（2021年）		平成21年（2009年）当時		事務所数の増減
			合計	割合	合計	割合	2021年-2009年
1人	5,025	203	5,228	17.77%	4,687	16.11%	541
21	4,888	247	5,135	17.45%	13,684	47.03%	-694
3人	3,970	285	4,255	14.46%			
4人	3,211	389	3,600	12.23%			
5～9人	6,000	1,672	7,672	26.07%	8,169	28.08%	-497
10～19人	1,167	1,507	2,674	9.09%	2,159	7.42%	515
20～29人	106	397	503	1.71%	274	0.94%	229
30～49人	25	239	264	0.90%	93	0.32%	171
50～99人	6	70	76	0.26%	26	0.09%	50
100～199人	—	14	14	0.05%	3	0.01%	12
200～299人	—	1	1	0.00%			
300～499人	—	2	2	0.01%	2	0.01%	2
500～999人	—	2	2	0.01%			
1,000人以上	—	—	0	0.00%			
総数	24,398	5,028	29,426	100.00%	29,097	100.00%	329

（出典：令和3年経済センサス調査を弊社にて加工　対比比較は平成21年経済センサス調査データ）

税理士事務所・税理士法人従業員規模別分布

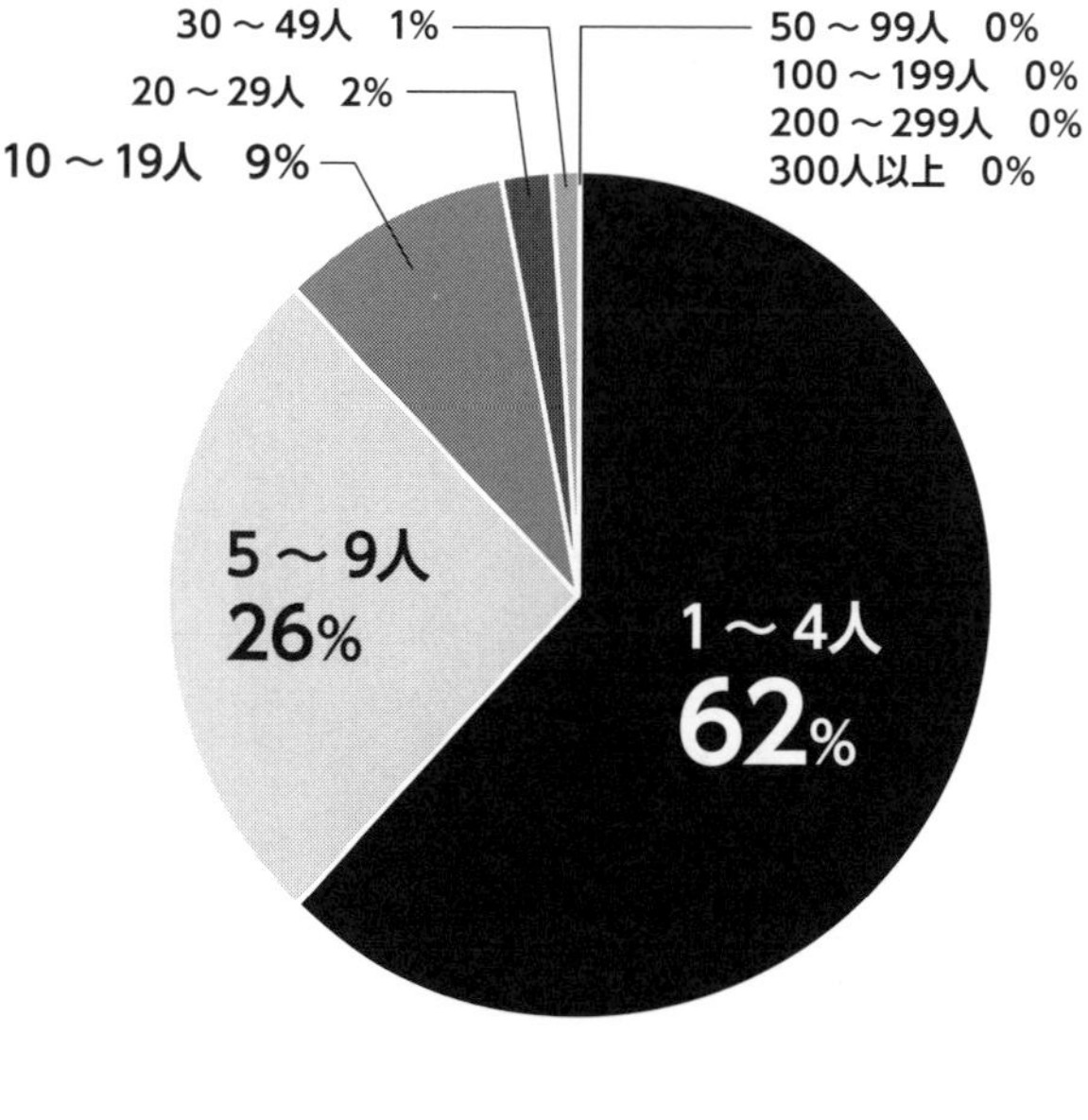

以上を占めるという点は以前と変わっていませんが、従業員数五名以上の事務所数が相対的に増えているため、規模の大きい順で分布をみると、従業

員数五〇名以上の事務所が上位累計で〇・三%、三〇人以上の事務所が上位累計一・二%、二〇人以上の事務所が上位累計三・二%、一〇人以上の事務所が上位累計一二%となっています。そのため、従業員数一二〜一三人となるとおおよそ業界上位一〇%となるのではないか？　と思います。

参考までに、会計事務所の従業員一名当たりの平均売上高は約九〇〇万円／人といわれているため、大変大まかですが売上一億八〇〇〇万円で業界上位三%、売上一億五〇〇〇万円前後で業界上位五%に入ってくるのではないか？　と推察できます。

事務所の拡大をお考えの先生方はこの数値を一つの目安として頑張るのもよいことと思います。

② 事務所を大きくするか否かは先生の志向で決まる

ここまで会計事務所の規模別分布をお伝えしてきましたが、さらに話を進める前に確認しておきたいことがあります。それは「事務所を大きくするか否かは先生の志向で決まる」ということです。

仕事柄、私は全国の所長先生から「事務所の拡大に関する相談」をいただきますが、その際に多くの先生が「これからも事務所を大きくした方がよいかどうか？」や「仮に大きくするならどのくらいの規模がよいのか？」といいます。私の経験上では売上三〇〇〇万円〜四〇〇〇万円前後になるとこの質問をされる方が多いように思います。

では、そのような質問をいただいた場合、私がどう答えるのかといいますと「迷っていらっしゃるなら規模的な拡大はあまり目指さない方がよいのではないでしょうか？」とお伝えします。その理由は、身も蓋もないようですが、事務所を大きくしたい先生が相談におみえになる場合は初めから「これから事務所を大きくしたいのですが、どうしたらよいか教えてもらえませんか？」と相談にいらっしゃるからです。決して「事務所を大きくした方がよいかどうか？」とは尋ねないからです。

会計事務所がターゲットとすべき企業規模イメージ

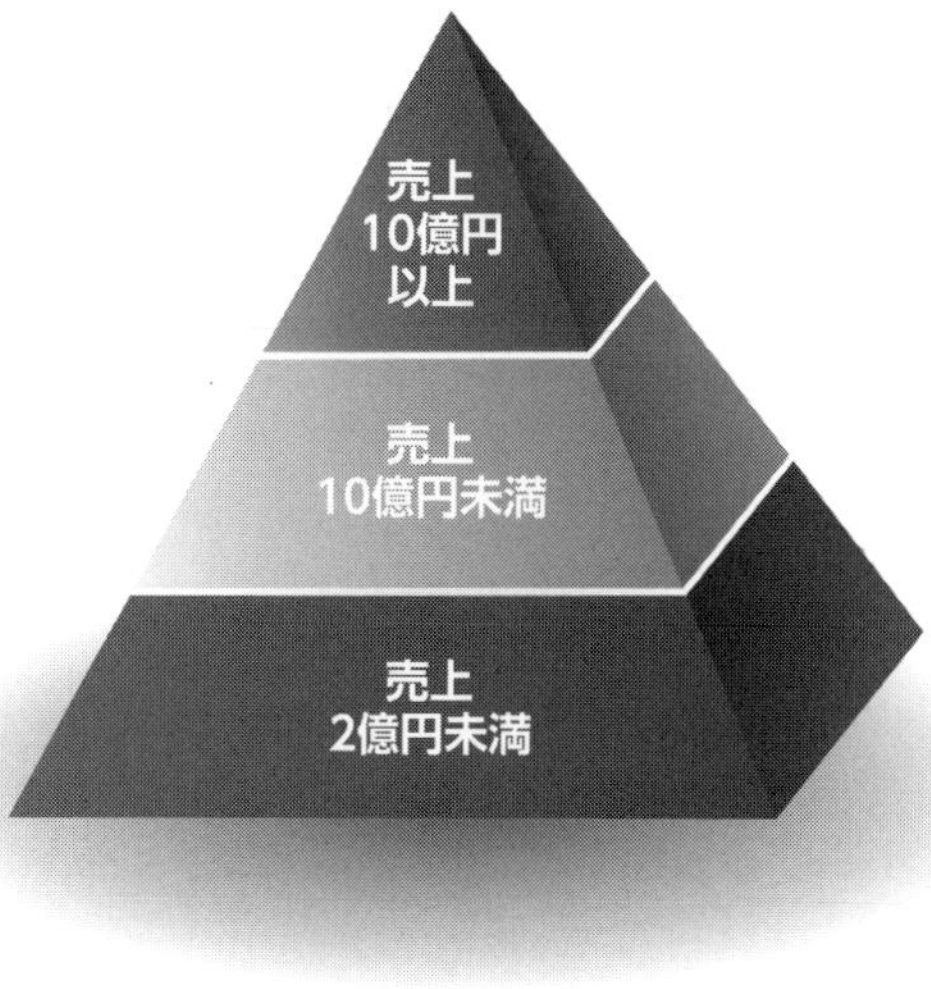

ですから「事務所を大きくした方がよいかどうか？」と悩まれた段階で、「ああ、自分はあまり拡大志向は強くないのだな」と思われた方がよいと思います。

では、規模的拡大を志向しない先生と拡大を志向する先生の違いがどこにあるのか、それぞれの特徴について軽く触れておきたいと思います。

◉規模的拡大を志向しない先生の特徴

1　所長自身が、自ら担当を持ち、経営者にアドバイスを行うことが好きである。

2　すべての顧問先の社長の顔とどのような会社なのかは知っておきたい。

3　顧問先がどのような状況で、職員がどのようなことを行っているのか常に自分でも把握しておきたい。

4　お客様には、質の高いサービスを、自信を持って提供したい。

5　顧問税理士の切替え等に伴って、他の事務所から「○○事務所の中身は大したことなかったよ」と、間違ってもいわれたくない。

◉規模的拡大を志向する先生の特徴

1　せっかく開業したのだから「売上○億円、職員数○人くらいの事務所にはしたい」と思っている。

2　地元で「○○先生の事務所はすごいですね」と一目置かれる程度にはなりたいと思っている。

3　自分が担当するのも嫌いではないが、できれば、顧問先は職員に任せ、自分は事務所経営に専念したい。

4　最低限の税務知識は持っていたいが、自分より詳しい職員がいれば、任せればよいと思っている。

5　お客様の求めるサービスが提供できていれば、ひとまずよいと思っている。

いかがでしょうか？「規模的拡大を志向しない先生」と「規模的拡大を志向する先生」では考え方が違うことを理解されたと思います。先ほども申しあげましたが上記は所長先生の志向性の違いですので、良い悪いは一切ありません。

ですので、もしご自身の志向が「規模的拡大を志向しない先生」に近い場合は、無理に拡大しようとせず、ご自分の専門知識を生かしながら、目の届く範囲で拡大されればよいのではないかと思います。

③ 地域の中小企業を元気にするなら一億円を目指そう！

では、前項で「規模的拡大を志向する先生」の特徴がより多く該当する先生、あるいは、どちらかといえば「規模的拡大を志向しない先生」だが、そうはいってももう少し大きくしたいという先生はどうすればよいかについて、私は「ひとまずは売上一億円突破」を目標にされることをお勧めします。その理由は以下のとおりです。

1　売上一億円、職員一〇名～一五名程度というのは、事務所の拡大を目指すうえで一つのわかりやすい目安になるということ。

2　売上一億円というと地元でも一目置かれる存在となり、知名度も存在感も出てくるようになり、これから事務所を拡大するうえで不可欠な「採用活動」もしやすくなる。

3　一億円を超えたあたりから、所内にある程度の組織と仕組みができ始めるので、そこからさらに上を目指すのか、このまま維持するのかは、その時点で考えればよくなる。

このあと、第二章で述べますが、事務所の拡大を考える先生の多くは「専門知識を生かして地域の中小企業と経営者の力になりたい」といった思いは少なからずお持ちであると思います。

その場合、やはり売上一億円ともなりますと個人・法人合わせて二〇〇～三〇〇社くらいは擁する規模になっているでしょうから、地域社会への貢献という「社会的使命」も果たせる規模になってきます。

私の個人的な希望でありますが、一つでも多くの会計事務所が「売上一億円突破」の事務所となって各地で地域貢献をしていただくことで、中小企業全体、はたまた日本全体の活性化につながったら大変うれしいことである、と思っています。

第1章

売上1億円突破の事務所になることを阻む壁の存在と突破法

1 売上一億円突破の事務所になることを阻む〝所長の心理的壁〟とは

先ほど、従業員数が一二～一三名規模になると業界上位一〇％に入ってくるのではないか？　と申しあげましたが、売上換算の方がわかりやすいと思いますので、従業員一名当たりの平均売上九〇〇万円／人から逆算して「売上一億円突破」を一つの目標として、ここからはお伝えしたいと思います。早速その方法論に話を移したいところですが、その前に皆様が認識しておくべきことがあります。それは売上一億円突破の事務所になることを阻む〝壁〟の存在です。

私がコンサルタント会社に入社したての駆け出しの頃、当時の役員で、今も活躍されている経営コンサルタントの方が、「企業というのは順調にひたすら右肩上がりということは極めてまれで、必ず数度の〝壁〟といわれる停滞期がある。しかし、この停滞期というのは経営者に〝あなたのやり方は合わなくなってきているよ。さあ、今までのやり方を捨てなさい〟という合図なのだよ」と話されていたのを思い出します。

当時は私もまだ若く、経験もありませんでしたので「そんなものかなぁ」程度にしか受け止めていなかったのですが、実際に二〇〇を超える事務所のご支援をし、自分自身、その中で数々の壁に直面し、そこから抜け出すことを経験してみると、確かに〝壁〟というものが存在し、やり方・考え方を変えないと抜け出せないということもわかりました。しかしながら、逆に、壁を見越した設計図を描き、それに従って事務所経営を行えば、壁に成長を阻まれることなく成長できることもわかってきました。

そこで、これからあらかじめ想定される〝所長の心理的壁〟について解説したいと思います。

① 売上一億円突破の事務所になることを阻む〝所長の心理的壁〟

まずは、所長の心理的壁です。図をご覧ください。

所長の心理的壁

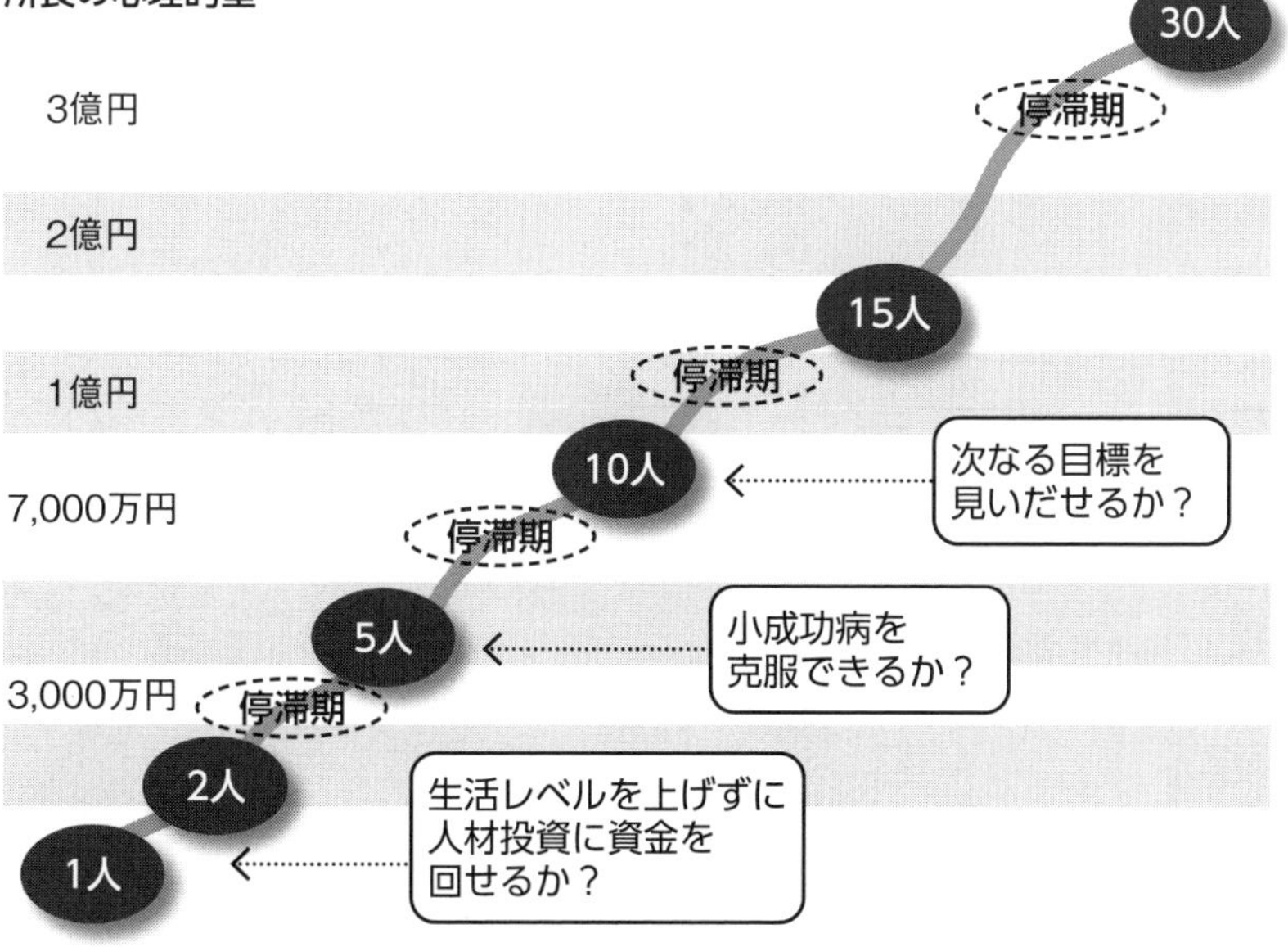

◉第一の壁：一人から二人の壁

最初の壁は、開業直後～事業を軌道に乗せるまでの時期に発生する一人から二人の壁です。

本書をお読みの皆様は、ある程度の規模の事務所を実現され、既に克服されている方が多いと思いますが、これからという方はぜひ参考にしてください。

まず一～二人の頃の最大の課題は、「所長が二人分の人件費を稼ぐことができるかどうか」です。

独立・開業をするということは、当然のことながら、自分で自分の人件費を稼がなければなりませんが、すべての方が独立直後から十分な売上をつくることができるわけではありません。むしろ、昨今の厳しい経営環境では、自分の食いぶちも満足に稼ぐことができない、とお悩みの方も多いことでしょう。しかしながら、事務所を大きくしようと思うのであれば、一人でやっていたのでは限界がありますので、当然、人の採用を考えなければなりません。

その際に大きくのしかかってくるのが、プラス一名分の人件費です。実はこのプラス一名分の人件費の工面については、考え方が二通りあります。一つは、文字どおり「所長がプラス一名分の人件費をがむしゃらに稼ぐ」という考え方と、もう一つは「所長が自分の生活レベルを上げずにプラス一名分の人件費を捻出する」という考え方です。

② 自制を働かせることで、その後の成長スピードが変わる

会計事務所を辞めて独立・開業をされた方の多くは、独立前は会計事務所で働きながら、夜もしくは休日に学校に通って勉強をされたという経験をお持ちのことと思います。おそらく給料もそんなに高くはなかったと思いますが、貴重な時間とお金を投資し、努力を積み重ねて税理士試験に合

格されたことでしょう。そして、合格後はさまざまな誘惑にも打ち勝ち、開業資金をためて独立されたわけです。

ところが、晴れて独立をすると、今度はすべての収入が自分の口座に入ってきます。当然、職員時代よりもはるかに多い金額が自分の周りを巡り始め、使える金額も比べものにならないくらい大きくなります。また、受験勉強からも解放されますから、必要最低限の税務知識の習得以外は時間的にも自由になります。つまり、これまでの長くつらかった経済的・金銭的な制約から解放されることになります。

そうすると、多くの方がどういう行動パターンを取るかといいますと、私がこれまでみてきた範囲でいえば、以下のような行動パターンが多くみられるようになります。

① 自家用車が、大衆車から欧州車もしくは国産の高級車に変わる

② 時計・バッグ、その他持ち物が高級品になる

③ 賃貸の場合、住居がより好立地で広い物件に引っ越しをするか、高級マンションを購入する

④ レストランや飲み屋のランクがアップしたり、他人にごちそうする機会が増える

⑤ 日頃の生活レベルが上がり、生活費が増える

つまり、稼いだ収入に応じて、自身の自己消費が増え、稼いでも意外にキャッシュが残らないという状態に陥ってしまいます。

一般的に会計事務所の場合、売上は処理能力に比例しますから、事務所を大きくするためには職員を採用しなければ、顧問先を拡大することができません。ところが、前述のとおり多くの先生は、生活レベルを上げてしまったばかりに、増えた収入は既に使ってしまっていますので、いざ人員を増やそうにも、もっと稼がないと採用する資金がないという状況に陥ります。

これに対し、早く成長する事務所は、所長が開業直後から職員時代と同じレベルで生活をし、浮いたお金はできるだけ貯蓄をし、時期が来たら採用資金に回し、さらに稼いでより多くの人材を採用する、という再投資を繰り返していきますから、必然的に成長スピードが速くなります。

このように、最初の〝壁〟は、所長自身が二人分の売上を稼げるかという問題と、〝自制〟を利かせることができるかどうかで、それによってその後の成長スピードが決まってくるのです。

◉第二の壁：〝小成功病〟を克服できるか？

第二の壁は個人差がありますが、売上三〇〇〇万～五〇〇〇万円前後で陥る壁で、名づけて〝小成功病〟です。

このことについて書きますと、必ず気分を害される方がいらっしゃるので、書くことをはばかられる気もいたしますが、本書を手に取られている

皆様は「一億円突破の事務所にしたい」という志の高い方々ですので、思ったことをそのまま書かせていただきます。

まず、この〝小成功病〟という言葉の意味ですが、これは「世間的には〝さほど大きな成功〟をしているわけではないのに、既に成功者になった気分に浸って満足してしまう心の状態」をいいます。

会計事務所の規模別分布では、売上三〇〇〇万円未満の事務所が業界の半数以上あるといわれていますので、売上三〇〇〇万～五〇〇〇万円といえば、そんなに大きくはないけれども、しっかりやっている先生として認知されていることでしょう。

実際、先生の年収も世間相場に比べればかなり高い部類に入ってきますので、自分でも「開業して今日まで、私もよく一人でここまでよくやってきたなぁ」などと感慨にふけりたくなるのも無理はありません。

ですから、もし私が皆様から、「では、今の状態

ではいけないということなのですか?」と尋ねられたら、おそらく私も「それは先生ご自身の問題ですから、ご自分で判断してください」と答えると思います。つまり、ここから上を目指すかどうかは、先生ご自身が決めることであって、他人にとやかくいわれる問題ではありません。ただ、もしこの上を目指してゆくとしたら、この規模はそういう心境に陥る時期だということです。

では、本書をお読みの皆様が、「現状には満足せず、さらに上を目指している」と仮定したならば、一体どうしたらよいのでしょうか? そのためには以下の三つの方法が有効です。

① 成功しているさまざまな事務所の情報を入手し、できれば所長先生の話を聞くこと

② 成功している事務所の中から、目標となる事務所をみつけ、やり方をまねてみること

③ 今までと付き合う人、読む本、触れる情報を変えること

①の「成功しているさまざまな事務所の情報を入手し、できれば所長先生の話を聞くこと」ですが、一般的に会計事務所業界の先生方は、先生同士で積極的にあまり交流をしません。例えば、税理士会の同じ支部で、何度か顔を合わせている方や懇親会で親しくされたことがあるような方とはよく話もされるようですが、それ以外は、地域でよほど成功している先生以外はほとんど知らないようですし、話もしないようです。

また、私がもっと驚いたのは、参加料が数万円もするセミナーに参加するような「意識の高い先生ばかりが集まっている場」でも、こちらが促さない限り、隣同士に座っていてもほとんどの方が名刺交換をしません。普通に考えれば、せっかく事務所を拡大したいという志を持った方々が集まっているわけですから、名刺交換をして情報交換をすればよいのにと思うのですが、そのように考えて積極的に行動する方は少ないようです。

ですから、まずは業界情報に目を向け、今どんな事務所が成功しているのか、その理由は何なのか、そしてどんな先生がやっているのか、といった成功事務所の情報を積極的に取りにいくことが、その第一歩になります。

次に、成功している数々の事務所の存在と取組みを理解したら、②「その中から、自分に合うと思われる先生を目標に設定」しましょう。必ずしも一つの事務所である必要はありませんが、自分と手がけている分野が近かったり、エリア特性やマーケティング手法等が似ている事務所を目標に設定しましょう。人間の脳は「具体的にイメージできないものは実現できない」ようになっていますので、できるだけ具体的なイメージを描き、行動してみることが大切です。

そして最後は、③「今までと付き合う人、読む本、触れる情報を変えること」です。〝小成功病〟の原因をひとことでいえば、「今いる環境が快適で、そ

こから抜け出したくない」ということですから、今の環境を変えないことには、どんなに外から刺激を受けても目の前の行動を変えることは難しいでしょう。

その変えたくない環境の最たるものが、今付き合っている仲間や人間関係です。普通に考えて、経済的な不安もなく、地域の方々からも一目置かれ、楽しく過ごせる仲間がいたら、誰でも無理をしてその環境を抜け出したくはないからです。また、仮に抜け出そうとしても、それを引き止めるのも日頃付き合っている仲間ですから、それこそ不退転の決意で「そこを抜け出す勇気」を持たねばなりません。

なぜそこを抜け出すのに勇気が必要なのかといいますと、それは、今まで付き合っていた仲間が置いていかれるのを恐れ、皆様の「前に進もうとする力」をそぎにくるからです。例えば、「そんなに事務所を大きくしても、人の問題で苦労するば

かりでいいことないよ。今の規模でしっかりやった方がいいんじゃない？」とか、「最近、○○先生も付き合い悪くなったよな。ちょっと仕事しすぎじゃないの？」とささやくなどです。このときの心の葛藤は、紙面で書く以上に難しいもののようです。

そこで、「付き合う人と情報を変える」のに有効なのが、同じような課題を抱えながら、さらに高みを目指していこうという先生方のコミュニティーに入って、事務所経営について学ぶ機会を増やすということです。

税理士の方々は、もともと勉強熱心ですので、いくつかの勉強会にも参加されていると思いますが、趣旨が伝わらないといけませんので念のため確認させていただきますと、「税務の勉強会」は目的が税務知識の習得であって、事務所経営を学ぶためのものではありませんので、前記には該当しないとお考えください。

また、同じ頃独立した仲間同士の情報交換会・勉強会に参加されている方もいらっしゃると思います。厳しい言い方をすればその実態が「成功したいと思っているけれどもまだ成功していない人が集まっている勉強会」の場合は、発展途上の方が集まって悩んでいるだけで、意外にも「時間の無駄」になっている場合もあります。ですから、参加される場合はメンバーを吟味して、自己満足に陥らないようにしましょう。

そういう意味では、「既に成功している経営者や活躍されている会計事務所の先生方のいる勉強会」に入り、成功している方々から学ぶことをお勧めします。そうすれば、成功に必要な思考と情報をいち早く入手することができますし、実際にご自身も成長することができます。その結果、「一つのところに長くとどまっている今までの仲間」とも話が合わなくなり、自然と付き合う相手が変わってくることになるでしょう。

◉第三の壁：〝さらに上を目指す理由〟を見いだせるか？

心理的壁の最後は、売上七〇〇〇万～一億円前後あたりで直面する壁についてです。

売上七〇〇〇万円から一億円といえば、業界ではさらに希少な存在になってきます。既に個人の年収レベルでは十分な所得は得ているでしょうし、ご自分でも〝それなりにやっている〟という自負はお持ちでしょう。さらには、金融機関を含めた業界内外からも一目置かれる存在となり、一定の社会的な評価も得ていることでしょう。ですから、ここからさらに上を目指すには、所長先生自身にさらに上を目指すだけの理由がないと頑張れませんので、その理由を明確にすることが必要です。

その理由のみつけ方は第二章でお話ししますので、ここでは「売上一億円を超えて頑張り続けるだけの理由がないとなかなか頑張れない」ということだけ覚えておいてください。

2 売上一億円突破の事務所になることを阻む〝組織の壁〟とは

① 売上一億円突破の事務所になることを阻む〝組織の壁〟

所長の心理的壁の次にお伝えするのは、〝組織の壁〟についてです。組織の壁には大きく分けて五人の壁、一〇人の壁、一五人の壁があります。

そこで、順を追ってみていきましょう。

◉第一の壁：五人の壁――五人の壁突破の鍵は、内部を任せられる人材の育成にあり

まず、組織面において最初に直面するのは「五人の壁」です。所長を入れて職員数四～五人といいますと、売上規模で三〇〇〇万～四〇〇〇万円となりますので、事業的には順調に大きくなってきたというレベルだと思いますが、ここを突破できない最大の理由は「所長が業務から抜けられない」ことです。

売上・規模を拡大するためには、所長が新たな

組織の壁

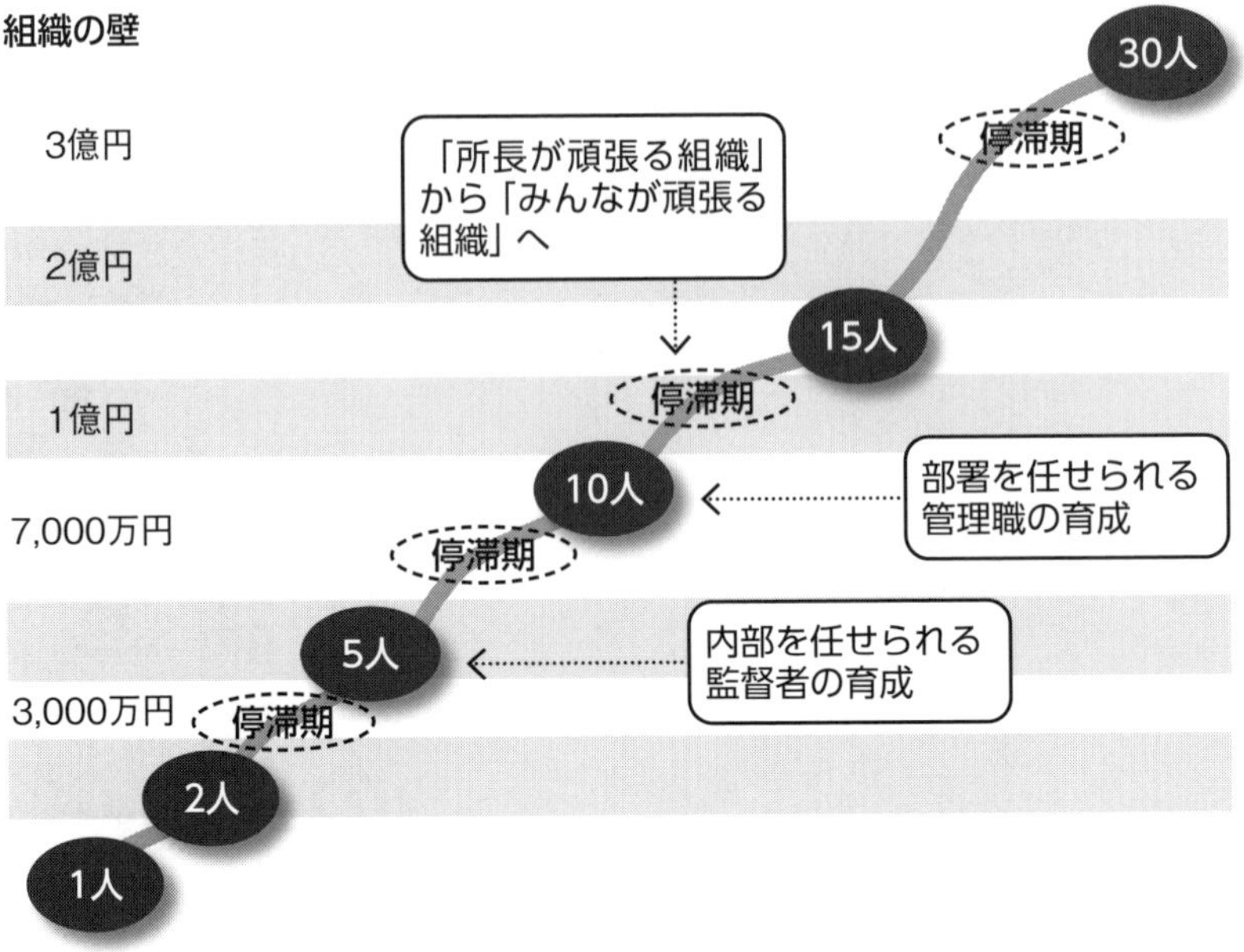

営業活動を行ったり、事務所経営を考える時間を確保したりしなければなりませんが、所長が業務に時間を取られて営業活動ができなかったり、職員の業務の進捗管理に時間を取られているようでは、現場を離れて「所長の本来の仕事」を行うことはできません。ですから、まずは、所長が事務所を離れても業務のチェックと進捗管理を行ってくれる人材の育成が鍵となります。

ただし、ここでいう「業務のチェックと進捗管理を行ってくれる人材」とは、決算書のチェックや中身のチェックまでやってくれる「管理職」ということではなく、あくまでも所長に代わって、資料回収や業務の進捗状況等を管理してくれる「監督者」を指します。ですから、顧客をよく知っている方でもいいですし、管理職ではないけれども、全体が見渡せる経験者でも結構です。その際、ホワイトボードやグループウェア等を使って所長も含めて全員がチェックできる体制・システムになっているとなおよいでしょう。

次に、所長が細かく進捗状況を管理しなくてもよい状態になってきましたら、次の手順は「所長が業務に入るのをやめる」ということです。もちろん、一気にすべてとはいいませんが、まずは五〇％くらいに減らすようにしていきましょう。

ところが、こういうことをいいますと、必ず「それは無理ですよ。そんなことをしていたら仕事が回りません」と反発されます。実際、私も、それがいうほど簡単ではないことは承知しておりますので、その気持ちは理解できます。しかし同時に、所長が業務にどっぷり漬かっていたら、いつまでたっても事業を拡大するために必要な活動に時間を割くことができませんし、永遠に担当を減らすこともできません。ここは心を鬼にして、今いるメンバーに仕事を任せるようにしていきましょう。

ただし、これを行うと所長がまさに心配されるように、所長が来なくなったことに怒って、文句をいうお客様が出てきたり、サービスレベルが下がったことに対するクレームや解約などがある一定レベルでは発生しますので、そこは「成長期にみられる成長痛のようなもの」と割り切って我慢してください。後になったら必ず「そういう時期を経験するのも成長するためには必要だった」と思える時期が来ると思いますので、頑張って乗り越えていただきたいと思います。

◉ 第二の壁：一〇人の壁

五人の壁を超えると、次なる壁は一〇人の壁です。この段階の障害は、「部署を任せられる管理職がいない・育たない」という問題です。

よく、一人のリーダーが管理できる人間は七人までといいますが、だいたい五〜七人くらいまでしたら何とか所長一人でも運営できます。しかしながら、それを超えて一〇人に近い規模になってきますと、所長以外の人間を管理職に任命して、課を二つ以上に分ける必要が発生します。そのときに任せられる管理職がいないか、任せた途端に管理職が辞めてしまって、組織の拡大がうまくできないか、任命した管理職の下で、部下が次から次に辞めてしまうのが今回の壁の原因です。

以前のことですが、ある事務所の先生から「大谷さん、うちは職員の出入りが激しくて人が定着しないので、改善のお手伝いをお願いできませんか?」という依頼をいただきました。そこでまず初めにご支援先の事務所も含め、他の事務所の職員の方々の意識調査を行ったのですが、そのとき初めてわかったことがあります。それは、会計事務所の場合、「管理職に昇進させると辞めてしまう」というものでした。

当初の私の仮説では、人が辞めるのは、仕事が増えて忙しくなって、それが大変で一般職員が辞めると考えていたのですが、ヒアリングをしてみて職員の方々が異口同音にいった理由は「一般職のときは自分の仕事だけやっていればよいから多少忙しくなっても我慢できたが、管理職になって管理職手当が多少ついたからといっても、今の顧問先を抱えながら部下の決算書のチェックまでさせられるのでは、税理士試験の勉強時間や、自分の時間がなくなってしまう」ということでした。

会計事務所の方々は、基本的に知的レベルが高いので、「このままいったら自分の将来はどうなるのか?」を予想してしまう傾向がとても強いのです。ですから、後の第六章でも述べますが、「顧問先を抱え続けないと給料が上がらない」という単一のキャリアプランではなく、「顧問先を抱え続けなくても、役職に見合った働きをすれば給料が上がる仕組み」等、将来の見通しが立つキャリアプランをつくり、管理職が育つ・辞めない体制を整備することが組織拡大の鍵であることをご理解ください。

◉第三の壁：一五人の壁――「所長が頑張る組織」から「みんなが頑張る組織」をつくれるか？

そして「売上一億円突破の事務所」になる最後の壁は、「所長が頑張る組織」から「みんなが頑張る組織」をつくれるかどうかです。

今、売上一億円未満の多くの事務所は前述の「所長が頑張る」状態から抜け出せず、一人で事務所売上を担っています。例えるならば、たった一つの先頭車両で、重い貨物車を引っ張っている機関車のようなものです。これでは、所長がどんなに頑張っても、率いることのできる車両の数には限界があります。でも、もし新幹線のように、全車両にモーターがついた自走式車両になっていたら、どんなに車両が増えてもものすごいスピードで走ることが可能となります。ですから、事務所の規模的発展を考えるならば、お伝えしたような「みんなが頑張る組織」に変容することが必要です。

そのためには「自分たちの仕事は自分たちでつくるのが当然」という風土づくりと、部署単位で考えて動く目標管理の手法が必要となります。しかしながら、「自分たちの仕事は自分たちでつくるのが当然」という組織風土は、組織が大きくなってから急に醸成されるものではありませんので、できれば職員一人のときから始めることをお勧めします。詳しくは第四章で改めて触れたいと思います。

【第一章まとめ】……この章のポイント

▼売上一億円突破の事務所になるためには、成長の段階で遭遇する〝壁（＝停滞期）〟を乗り越える必要がある。壁には「所長の心理的壁」と「組織の壁」の二つがある。

▼「所長の心理的壁」の突破法

① 一人から二人の壁：生活レベルを上げずに人材投資に資金を回す。

② 売上三〇〇〇万円～五〇〇〇万円前後の壁：〝小成功病〟を克服する。

③ 売上七〇〇〇万円～一億円前後の壁：〝さらに上を目指す理由〟を見いだす。

▼「組織の壁」の突破法

① 五人の壁：内部を任せられる人材を育成する。

② 一〇人の壁：部署を任せられる管理職を育成する。

③ 一五人の壁：「所長が頑張る組織」から「みんなが頑張る組織」へ転換する。

【第二章の概説】……次の章に進むにあたって

第一章では、事務所の成長段階に伴って出現する〝壁〟のお話をさせていただきましたが、皆様もこれまでを振り返ってみて、思い当たる部分があったのではないでしょうか。しかし、この壁を見越した設計図を描き、それに従ってやり方・考え方を変えていけば、成長が停滞することはありません。課題をしっかりと見極め、それを克服することが、成長スピードを速めることにもつながるのです。第一章の内容は最後まで関係していきますから、常に意識をしながら読み進めるようにしてください。

第二章からは一億円突破の事務所になるための具体的な方法をお伝えします。私の考える方法は、まず「思考」が土台にあって、それを基に「手順」へ落とし込むというものです。手順とは皆様が思い浮かべる一般的な方法論に当たるもので、ウェブサイトを立ち上げる、セミナーを行う、といった実施する内容を具体化したものです。

まずは、思考に当たる部分を理解いただきます。本書の基本となる部分です。ご自身の事務所規模を意識せずに、読み進めるようにしてください。

第2章

ミッション（使命）を明確にすることが1億円突破の第一歩

1「会計事務所はどこも同じにみえる」のはなぜか？

それでは、これから一億円突破の事務所になるための具体的な方法をお伝えいたしますが、私がこの本でお伝えする内容は、決して「〇〇をやったら成功する」とか「〇〇で売上〇千万円！」のような小手先の方法論ではありません。なぜならば、「はじめに」でお伝えしましたように、私自身、そういった方法論だけでクライアント事務所様を一億円突破の事務所にすることはできませんでしたし、実際にちまたで活躍していらっしゃる事務所でも、そのような小手先の方法で売上一億円を継続的に突破し続けている事務所はないからです。もっと正確にいえば、今、売上一億円を超えて成功されている事務所も、初めこそ小手先の方法論を積み重ねて売上数千万円をつくったかもしれませんが、その後壁にぶち当たって停滞し、やり方・考え方を変えて再度成長し、今の状況を築いていています。ですから、結局、小手先の方法論だけでは売上一億円を継続的に突破し続ける事務所にはなれないということです。

本書は、タイトルどおり「会計事務所　売上一億円突破へのロードマップ」ですから、前記のような実情を踏まえたうえで、「売上一億円突破の事務所になる方法」を、順を追って解説させていただきます。

①「税理士の○○です」と名乗った時点で横並び

今、多くの会計事務所が顧客獲得のために、ウェブサイトをつくったり、紹介会社を利用したり、顧問先に紹介をお願いしたりしていると思いますが、では一体、お客様は「税理士」の皆様をどうみているのでしょうか？

税金の専門家、お金のプロ、経営のアドバイスをくれる人、難関の試験に合格した頭のよい人…などたくさんの言葉で形容されると思いますが、総じて「尊敬に値する人物」としての肯定的なイメージであると思います。しかしながら、そういう専門家としての肯定的イメージを世間の方々が持っているからこそ、悪い言い方をすれば「税理士なら誰でも一緒」と思われてしまっているということができます。例えるならば、有名メーカーの家電製品ならばどこのものを買っても大差ないだろうと考えるのと同じですね。

これは、大変困ったことで、「税理士」と名乗った瞬間に、お客様からみたら既に「横並び」になって、他の税理士と比較される対象になってしまうということです。

では、この状況を打破するにはどうしたらよいのでしょうか？　それは「税理士」というラベルとは別に、もう一枚、「…」という別のラベルを自ら考えて貼る、という作業が必要です。言い方を変えれば、自分のキャッチコピーを自分でつくるということです。

② 銀座のブランドショップはなぜ競合しないのか？

ところで、話は変わりますが、弊社は東京の銀座の中心部に近いところにあるのですが、すぐ近くに「銀座二丁目」という交差点があります。銀座二丁目の交差点は、高級ブランドがひしめく銀座においても特に有名ブランドが集中していることで知られています。具体的には、交差点の四隅に、ルイヴィトン、ブルガリ、カルティエ、シャネルがあり、少し離れてティファニーその他が並んでいます。皆様の中にも、そのうちのどれかにはお気に入りのブランドがあるという方もいるのではないでしょうか？

ところで、この半径一〇メートルにも満たない交差点に、四つのブランドがひしめいているという光景をみたときに私が思ったのは、「この四つのブランドは競合しないのだろうか？」ということでした。皆様はいかがでしょうか？　私は日常的に通るので、そのたびにいつも気になって仕方がありませんでした。なぜなら、この四つのブランドは、すべて対象顧客も、扱う商品も、金額もほぼ一致しているからです。

例えば、対象顧客の年収が、カルティエは三〇〇〇万〜六〇〇〇万円、ブルガリが一〇〇〇万円以上、シャネルが二〇〇〇万円以上というように分かれていたり、カルティエは時計は扱うけれどもリングは扱わないとか、ブリガリはリングは扱うけれども時計は扱わない、など対象顧客や商品が異なっていれば当然競合しないでしょうが、現実的にはすべてかぶっているわけですから当然競合するはずです。しかしながら、カルティエはブルガリに、「うちは時計を売っているのだからお宅は時計は扱わないでください」とか、ブルガリがカルティエに「うちがリングを扱っているのだから、お宅こそリングを扱わないでください」などということはありません。みんなそれぞれに多数の顧客を抱え、上手に商売をされています。実際、お店の方々も、相手を競合先とは思っていないと思います。

対して、会計事務所業界はどうでしょうか？

実は、私がそのようなことを考えるようになったのにはある気づきがあります。私がコンサルティング会社に勤務していた頃、既存のご支援先様の近くの会計事務所からコンサルティングを依頼されることがありました。そのとき、よく、「このエリアには、既にAというビジネスモデルを進めている事務所があるのでお手伝いできません」とか「Aというビジネスモデルは既にやっている先生がいますのでお引き受けできませんが、Bというモデルはこのエリアでまだどなたもやっていないのでいかがでしょう？」みたいなことをいっておりました。当時も、その説明に何となく違和感を感じていたのですが、自分でもそれがなぜなのか

理解できていませんでした。

ところが、ここ数年、「お客様の特徴や強みを生かすコンサルティング」を意識するようになってからは、当時のコンサルティングが「どこからか、借り物の成功パターンを持ってきて、ご支援先の事務所にはめ込んでいるだけのパッケージ売り」であったことに気づいたのです。パッケージですから、当然、ご支援先の特徴や強みなど表現されませんし、エリアがかぶればもろに競合しますし、単なるビジネスモデルでもありますから、うまくいっているようにみえれば競合先もまねをしてきます。結局最後は価格競争になって、消耗戦に突入するという、中長期でみれば誰も得をしないことを提案していたのです。

ですから、そうした過去の経験を踏まえ、今では事務所の強みを引き出し、特徴を明確にし、お客様に「○○事務所と付き合いたい、お世話になりたい」といわれるような事務所づくり、言い換

えれば「地域一番ブランド事務所」になるためのお手伝いをしております。

③ 税理士も「考え方」で差別化する時代へ

では、ブランドショップはなぜ競合しないのでしょうか？　それは、ブランドには以下のような特徴があるからだと思います。

◉ブランドがブランドとして認められている特徴

特徴1　独自性がある
特徴2　品質が高い
特徴3　思想・哲学がある
特徴4　ターゲット顧客が明確である
特徴5　買うこと・持つことが憧れになっている

簡単に解説をさせていただきますと、以下のようになります。

特徴1　独自性がある

これは、デザインやテイストに代表されるように、各ブランド独自の個性、言い方を変えれば「○○らしさ」があって、そこに多くの方々はひかれています。逆にいえば「私はあのブランドは嫌！」という方もいるわけですが、それだけエッジが効いた存在である、ということです。

特徴2　品質が高い

品質が高いのはいうまでもありません。パッと見のデザインは格好いいけれど、すぐ壊れるという商品でブランド化されているものはありません。ですから、品質がよいのはブランド化するうえで必須条件といえるでしょう。

特徴3　思想・哲学がある

例えば、シャネルの創業者として有名なココ・

シャネルは、黒を基調にした女性服を発表して話題となりました。当時、黒い服は喪服以外で着られることはなかったそうですが、「黒は女性の解放であり、古い価値観にとらわれない自由で自立した女性を意味する」というシャネルの思想が世の女性の心をつかんだのです。このように、他のブランドにもきっと脈々と流れる思想や哲学があり、それが商品に反映され、ブランドイメージを形成しているのだと思います。

特徴4　ターゲット顧客が明確である

これは明確ですね。一般的には多くの方が「ブランド品は高くて買えない」といいますが、ブランド側からみれば、「買える人・価値のわかる人にのみ価値あるものを提供する」と決めているにすぎません。ターゲットを決めるということは提供する価値と価格を決めるということですから、そのあたりが明確になっているということです。

特徴5　買うこと・持つことが憧れになっている

そして、前記特徴1～4を併せ持つことによって、そのブランドを持つこと、使うことが憧れになっているので、売り込まなくてもお客様の方から買いに来る、ということです。

対して、一般的な会計事務所はどのような状況なのでしょうか？　同じようにその特徴を整理してみましょう。

◉一般的な会計事務所の特徴

特徴1　〝会計事務所〟としてひとくくりにされ、横並び状態にある

特徴2　はた目には品質の差がわからない

特徴3　事務所の思想・哲学が不明確で、〝税法〟がすべてのよりどころである

特徴4　ターゲットは特に絞らず、来るものは拒まず

特徴5　顧問先にとって〝必要だから〟付き合う存在

同じく解説させていただきますと、以下のようになります。

特徴1　〝会計事務所〟としてひとくくりにされ、横並び状態にある

前述のとおり、「税理士」であることは一定レベルでの品質が担保されているということですので、「どの事務所でも誰でも一緒」と思われている、ということです。

特徴2　はた目には品質の差がわからない

同じく、品質（サービスレベルも含め）に差があるとも思わないので、複数の税理士事務所と付き合った方以外は、その違いがわかりません。

特徴3　事務所の思想・哲学は不明確で、〝税法〟が活動のよりどころである

事務所として、事業にかける思いや考え方を明確に打ち出していないため、他事務所と違いがわかりにくい、ということです。そのため、事務所としての指導方針ではなく〝税法〟に照らし合わせた指導が行われています。

特徴4　ターゲットは特に絞らず、来るものは拒まず

何かに特化している事務所は別として、多くの場合、特に事務所側から顧客層を絞るようなことはしていません。

特徴5　顧問先からみても〝必要だから〟付き合う存在

特徴1、特徴2とも関係しますが、経営者は事業を行ううえで税理士に頼まなければならないから頼んでいるのであって、〇〇事務所でなければならないと思って付き合っているわけではない、ということです。

以上が、一般法人の経営者が会計事務所に持っているイメージだと思います。ですから、この状態から抜け出すためには、会計事務所も顧問先の経営支援を行うにあたっての「考え方」や事務所自体の「特徴」による差別化を進めなければ、その他大勢の会計事務所と同じ扱いをされ、価格競争に陥ることになるでしょう。

2 事務所のミッション（使命）を明確にする

① あなたの事務所は何のために存在するのか？

では、普通の会計事務所が、事務所の特徴を打ち出していくためには一体どのような手順で進めればよいのでしょうか？　その第一歩は、事務所のミッション（使命）を明確にするということです。

突然ですが、もし私が皆様に次のような質問をしたならば、何とお答えになりますか？

- あなたは何のためにこの事業を営んでいるのですか？
- あなたは誰のためにこの事業を営んでいるのですか？
- あなたはこの事業を通じて一体何を実現したいと思っているのですか？

いかがでしょう？　皆様は、この問いに対して、即答できたでしょうか？

私は、新たな会計事務所様のコンサルティングをさせていただく際には、必ず所長先生に前記の三つの質問をさせていただくようにしています。即答できる先生も中にはいらっしゃいますが、多くの先生は即答できません。そして、即答できなかった先生にその理由を突き詰めて尋ねると、「そもそもそういうことを考えたことがなかった」とおっしゃいます。ですから、もし読者の皆様が先ほどの質問に答えることができなかったとしても、決して悲観しないでいただきたいと思います。

ただ、私がここで断言したいのは、事務所のミッション＝使命が明確になっていないと、長期継続的に事務所を拡大することはできないということです。なぜならば、第一章の所長の心理的壁の「第三の壁」で触れた〝さらに上を目指す理由〟が見いだせなくなるからです。

所長先生が〝さらに上を目指す理由〟は大きく二つに分けられます。それは〝欲〟と〝目的〟です。

〝欲〟というのは文字どおり、「もっと事務所を大きくしたい」「売上一億円を達成したい」「税理士法人化して、東京に進出したい！」といった所長の強い願望を指します。「所長の我欲」といってもよいでしょう。対する「目的」とは先ほどご質問させていただいた、「自分は誰のために、何のために、何を実現したいのか？」ということです。この二つのいずれかがないと、所長自身のモチベーションが湧かないので、前述の所長の心理的壁の「第三の壁」を超えることはできないでしょう。

しかしながら、売上一億円の壁を突破した事務所をさらに詳しくみてみると、一億円を超えてその先で停滞してしまう事務所と、売上一億円を超えて三億、五億と伸びていく事務所に分かれることがわかりました。そしてその違いが「所長の欲」で事務所を率いているか、「事業の目的」で事務所を率いているかどうかにあることもわかりました。いうまでもなく、売上一億円を超えたもののその先で停滞してしまう事務所は「所長の欲」で事務所をけん引している事務所で、売上三億、五億と伸びていく事務所は「事業の目的」で事務所を率いていました。

では、なぜそうなってしまうのかということですが、答えは明快です。それは職員の方々の賛同が得られないからです。皆様の近くにも「売上を大きく伸ばして急成長したけれども、しょっちゅう人が入れ替わり、職員の方々も疲弊している事務所」がきっとあることと思います。例えば「売上三億円、職員三〇人の事務所にする」というような目標を掲げる事務所は多いですが、それは所長の願望であって、職員の方々の願望ではありません。つまり「所長個人のモチベーション」にはなっても、職員の方々のモチベーションにはならないということです。

また、「売上三億円の事務所にする」ために頑張っている事務所は、目標達成のために職員に新

規顧客開拓や保険手数料の獲得を強いるわけですから、職員の方々が次第に「働く目的」を見いだせなくなって辞めていくのは当然です。

さらには、「お客様のため」ではなく、「事務所の売上のため」に顧客紹介をお願いしたり、保険の提案をするという姿勢はお客様にも伝わりますので、いつしか周囲の方々の協力も得られなくなります。

対して、「自分はこの事業を通じて何を実現したいのか？　自分の使命＝ミッションは何か？」を明確にし、「自分のため」ではなく「社会のため、職員のため、お客様のために頑張る経営」に切り替えた方は、働く目的に「大義」がありますから、中長期的に所長自身が頑張れるだけでなく、職員をはじめ、お客様や関係者の協力も得られ、とどまることなく成長していきます。

ですから、本書を手に、これから売上一億円、二億円、三億円と事務所を大きく伸ばしていきた

いと考える所長先生は、小手先の販促策を考える前に、「自分は誰のために、何のために、何を実現したいのか?」をぜひ明確にしていただきたいと思います。

② あなたの事務所は「増築に次ぐ増築で一貫性のない建物」になっていないか?

　そして、事業目的と使命が明確になったところで、今度は事務所の事業領域を考えていきます。本書をお読みの先生は、おそらくそれなりに事務所を拡大してきていらっしゃる方が多いと思いますので、さまざまなビジネスの種をまいているとでしょう。例えば、創業支援、低価格顧問、経理代行、経理コンサル、一般家庭向けの相続税申告などなど、さまざまなことに着手されているのではないかと思いますが、ここで私から質問です。

お客様に「先生の専門は何ですか?」と尋ねられたら、何とお答えになりますか?

　私も自分で事業を行っておりますので、常に新たな仕事の種をまいてどんどん拡大していきたいという皆様の気持ちはわかりますし、新たな事業を付加していくことが事業の拡大には必要であることも理解しています。ただ、事業を広げれば広げるほど「自分の事務所の存在意義は?」とか「会計事務所経営を通じて世の中にどんな価値を提供したいと思っているのか?」という思いは次第に不明確となって行くことでしょう。

　手広くやっているといえば聞こえは良いですが、地域のお客様からすれば「あの事務所は何でもやっているけれど専門分野は何なのだろう?」と思ったり、働く従業員の方には「所長はどんどん新たな事業を立ち上げるけど、儲かれば何でもよいと思っているのか?」と思われたりすることでしょう。

例えば、独立当初は「目の前の中小企業経営者の力になりたい」という思いからスタートしている方が多いことと思いますが、提供するサービスが増えて、対象となる顧客層も増えていけば、「目の前の中小企業経営者の力になりたい」だけではカバーできない分野も出てくることでしょう。

そのための考えとして、①立ち上げた事業も含めて「自事務所のミッション（使命）をくくり直し、事務所全体としてのブランドの統一化を図る」という方法と、②提供するサービスも対象顧客も異なる事業ごとに個々にミッション（使命）を設定し、しっかりとエッジを立てていく、という二つの方法があります。

こうすることでお客様には「この事務所・この事業でやろうとしていること」が明確になりますし、働く従業員の方々は「あぁ、所長はそういう考えで事務所を経営しているのだ」と理解し、新たな事業を展開しても所長先生についてきてくれることでしょう。

③ ミッションと提供するサービスに一貫性はあるか？

ここまで、ミッション（使命）と事業領域について整理をしてきましたので、次に考えるべきは、ミッション、事業領域と連動したサービスの内容です。

例えば、事務所のミッションが、仮に「孫子の代まで続く企業経営をサポートする」であったとしましょう。もしこの事務所の所長先生にお客様が、「先生の事務所はどんな活動をしていくのですか？」と尋ねたとき、先生が「はい、うちの事務所は、会社設立とか年一決算を中心に、比較的小規模の会社を応援しています」といったら、皆様は、「えっ、それって全然事業目的と合ってないですよね？」と思うのではないでしょうか？

また、逆にお客様から、「○○先生の事務所では『孫子の代まで続く企業経営をサポートする』をミッションに掲げていらっしゃいますが、具体的にどんなサポートをしてくれるのですか？」と尋ねられたときに、「いや、特にこれということはありませんが、トータルに一生懸命サポートさせていただきますよ」と答えたとしたら、一体どういう印象を持たれるでしょうか？　おそらく「何だ、格好いいことといってるけれど中身はないじゃないか！　何か信用できないなぁ」と思われることでしょう。

つまり、ミッション（使命）を掲げるということは、「私の事務所ではお客様にこういう価値を提供します。そのためには具体的にこういうサポートをしていきます」と宣言することと同じことなので、ミッションと提供されるサービスは連動していなければならないのです。そして、そこに一貫性が感じられたとき、お客様の信頼が得られるのです。

3 サービスではなくミッション（使命）を売る

① 紹介が発生する事務所と発生しない事務所の違い

そして、事務所全体、あるいは事業ごとにミッション（使命）が明確化されたら、今度はそれをお客様を獲得する力に変えましょう。

ところで、皆様の事務所では、顧問先や関係先からの紹介は年に何件くらいあるでしょうか？　最近、多くの会計事務所で紹介が以前よりも減ってしまった、という話を聞くので、私も以前と違ってなかなか紹介を得るのは難しいのかと思っていたのですが、私の会員事務所様をはじめ、伸びている事務所の顧客獲得状況を確認しましたら、全新規獲得件数のおよそ三分の一は紹介であることがわかりました。具体的には年に六〇件増えている事務所の場合、そのうち紹介が二〇件、年に一二〇件増えている事務所の場合は四〇件が紹介、というような状況です。もちろんセミナーやウェブサイトなどさまざまな販促で三分の二を獲得しているから紹介が三分の一であるということではあるのですが、決して紹介が得られなくなったというわけではないことに気づきました。

では、紹介が発生する事務所と発生しない事務所では、一体どこが違うのでしょうか？　以下にその違いを整理してみました。


紹介が発生する事務所と発生しない事務所の違い

紹介が発生しない事務所	紹介が発生する事務所
月次監査の際に担当者が社長に会っていない。	月次監査の際に担当者が社長に会って話をしている。
担当者がお客様に「紹介してください」といっていない。	担当者がお客様に「紹介してください」といっている。
顧問先が減って不安になると「紹介キャンペーン」を実施する。	年間を通じて、常に「紹介獲得」に努めている。
謝礼を前提に「紹介を依頼」している。	「結果として」謝礼は支払うが謝礼を前面に出さない。
紹介獲得件数を特に管理していない。	紹介獲得件数を「担当別・顧問先別」に管理している。
紹介が発生しない理由を把握していない。	紹介が発生しない理由を分析し、対策を講じている。

皆様の事務所はいかがでしょうか？　意外にも当たり前のことを当たり前にやっているように思いませんか？

その中で特に違うのは、紹介が発生する事務所は常に全員が、お客様に「紹介してください」といっていて、紹介が発生しない事務所は、お客様に「紹介してください」といっていない、ということです。ですから、全員がお客様に「紹介してください」ということができれば、今でもお客様は十分に獲得できるのです。「何だ、そんなことか。だったらうちの事務所も職員にやらせればいいんだ」と思った先生もいらっしゃることでしょう。そうなのです。そのとおりなのです。でも、実際はそれほど簡単ではありません。なぜでしょうか？

その本質的な原因は、職員の方々の心の中に、①断られることに対する恐れと、②事務所の売上のためにお願いしているという後ろめたさがあるからです。

「えっ、断られることに対する恐れって何？後ろめたさって何？」と思われた先生も多いことでしょう。なぜなら、先生にとっては自分自身と自分の事務所に自信がありますから、恐れも後ろめたさもないのは当然でしょう。しかしながら、職員の方々は違います。先生が思うほど職員の方々は事務所と自身の仕事ぶりに自信と誇りを持ってはいないものです。

では、なぜ職員の方々は自分の事務所と自身の仕事ぶりに自信と誇りを持てないのでしょうか？それは、これまでお伝えしてきた「事務所にミッション（使命）がない」か、それを理解できていないからです。例えば、もし先生の事務所が売上一億円突破を目標にしているとしましょう。そうしますと多くの場合、職員の方に、「目標まであと一五〇〇万円だから一人〇件紹介を獲得するように」とか、「保険の手数料の三〇％は個人に還元するのだから、お客様に勧めるように！」と指示を出すことでしょう。そして、職員の方もいわれたとおり、お客様に紹介なり保険なりを勧めることでしょう。でも、そうすると職員の方の心の中に「自分は自分の売上のために紹介を頼んでいる」、「自分は手数料のために保険を勧めている」という思いがありますから、お客様に勧めるパワーが湧いてきません。ですから、最初こそしぶしぶ勧めるけれども、いわれなかったら紹介しない、という行動を取るようになってしまうのです。

また、そういう事務所に限って、お客様にも「お客様をご紹介いただいたら〇万円お支払いします」というようなことをいうケースが多いのですが、いわれたお客様にしても、「私はあなたがよいと思ってお付き合いしているのであって、お金をあげるから紹介してくれっていわれても、ちょっと違うんだよね」と思うことでしょう。

ですから、まずは所長先生が、「売上やお金」によるマネジメントではなくミッション（使命）によるマネジメントに変えないと、人の協力は得られないということなのです。

②　大義名分をパワーに変える

そのためには、何度も申しあげますが、皆様の事務所のミッション「あなたは誰のために、何のために、この事業を営んでいるのか」を所長自身が明確にして、それを職員の方々と共有しなければいけません。

例えば、前述の「孫子の代まで続く企業経営をサポートする」をミッションにした会計事務所があったとします。あるとき、顧問先の社長から「○○さん、今期利益が出そうなので、何とか赤字ギリギリの黒で頼むよ」といわれたとします。そのとき皆様および、皆様の職員さんなら何と答えますか？

おそらく、合法の範囲であれば「わかりました。何とか頑張ってみます」と答え、後日、「社長、よかったです。三〇万円の黒字で済みました」とお答えになることでしょう。そして社長も「ありがとう。助かったよ」ということでしょう。でも、これが本当に会計事務所の価値ある仕事なのでしょうか？

もし「孫子の代まで続く企業経営をサポートする」というミッションを所長を含めた全職員で共有できていたら、「社長、ご要望は理解できたのですが、社長はこの会社、あと何年続けられるおつもりでしたっけ？　確かお子さんに継がれるご予定でしたよね。であれば、最低でも自己資本比率を三〇％には持っていきたいですよね。でしたら今期はしっかり利益を出して税金も納め、内部留保も厚くしましょうよ」と提案するのではないでしょうか？

でも実際は、そういうアドバイスをなさる職員さんはあまりいらっしゃらないようですね。それはなぜでしょう？　それは、先生がミッションを持っていないか、職員にそのミッションを落とし込んでいないからです。これを私は「事務所に哲学がない」といっていますが、哲学がないからアドバイスも相手の言いなりで、「先生と呼ばれるただの業者」に成り下がっているのです。

だからこそ、先生も含めた職員がミッションを持てば、お客様に「社長、実は事務所で顧客獲得キャンペーンをやっているんで、どなたかご紹介いただけませんか？　謝礼はお支払いしますので」という後ろめたいトークではなく、「社長もご存じのように、うちの事務所では『孫子の代まで続く企業経営をサポートする』をミッションに、顧問先の経営サポートを行っております。ついては、経営で困っているお仲間がいらしたらご紹介いただけませんか？　一生懸命にサポートいたしますから」と伝えれば、心に「大義名分」がありますから紹介をいただくことに対する恐れはなくなりますし、お客様にも思いが伝わります。第一、職員の方々が自分の仕事に誇りを持てるようになります。ですから、何はともあれ、所長はミッション（使命）を明確にし、職員に伝えなければならないのです。

③「売上を上げる」ではなく、「考え方を普及する」と考える

事務所のミッションを全員が理解できたら、全員が事務所のミッション（使命）を広めるという発想に切り替えていきましょう。

人は自分のためだけでは頑張ることができません。一時的には頑張ることができても、長期継続的に頑張り続けることはできません。なぜならば、そこに大義名分がないからです。ですから、「売上

を上げる」のではなく、事務所で掲げたミッションを一件でも多くの顧問先・個人に広めることがお客様の役に立ち、その結果、お客様に評価され、紹介が増え、売上が上がると考えましょう。

会計事務所において、売上が伸び悩む最大の要因は、職員の離職とそれに伴う顧客の流出ですが、「税理士試験に受かってもこの事務所で働きたい」「この事務所で働いてお客様の役に立つ仕事がしたい」と思う事務所をつくることが結果的に、売上一億円突破の事務所をつくる早道です。ウェブサイトだ、セミナーだ、と方法論を論じる前に、まずは先生のミッションを固めてください。そして、そのミッションに一点の曇りもないように、まずはそのミッションを自分に、職員に、お客様にという順番で広げていきましょう。先生の掲げたミッションが私利私欲に満ちたものでなければ、必ず職員とお客様の賛同が得られることでしょう。

【第二章まとめ】……この章のポイント

▼これからの会計事務所は〝自分の事務所にキャッチコピー〟がなければならない。

▼事務所の特徴を打ち出す手順

① 事務所のミッション（使命）を明確にする。
「自分は誰のために、何のために、何を実現したいのか？」

② 事務所の事業領域を考える。

③ 提供するサービスは前記①②を連動させる。

▼事務所の特徴を打ち出したら、事務所の考え方を「職員」、「お客様」の順に普及させる。

【第三章の概説】……次の章に進むにあたって

第三章では、明確になった事務所の使命（ミッション）や考え方を、お客様との接点であるサービス（商品）に落とし込みます。

「〇〇をやったら成功する」といった小手先の方法論ではなく、第二章の考え方を軸としながら、商品化の進め方について理解を深めていきます。

会計事務所業界は、「お客様に求められれば何でも顧問契約の中でやってあげる」ということが慣習化していましたから、イメージしづらい方もいらっしゃると思います。

まずは、事務所の使命と事業領域について整理し、これらと連動したサービスを提供することを意識しながら読み進めていきましょう。

第3章

商品をつくる

1 ターゲットは誰か？

ミッションが明確になったところで、今度は事務所の商品を固めていきましょう。よく、税理士の方に「商品」といいますと、「『商品』って何ですか？　顧問契約とか年末調整のことではないのですか？」と尋ねられます。

業界的には「商品」という言葉はあまり使わないでしょうし、そういう概念もないのでわからないかもしれません。ただ、お客様と事務所をつなぐ唯一のものが「商品」です。そこを本章ではしっかりと皆様と一緒に考えていきましょう。

① あなたの事務所のターゲットは誰ですか？

まず、商品を準備する前に整理しておきたいことは、そもそも「あなたは誰を対象に商売をされていますか？」ということです。例えば、創業支援をメインに活動している事務所であれば、これから起業される方や会社をつくって一～三年の経営者が中心となるでしょうし、資産税狙いであれば、資産税の対象となるだけの財産のある個人または法人でしょう。また、ある特定の業種を狙っているのであれば、その業界の企業が対象となりますから、対象が具体的に絞れている場合はわかりやすいといえるでしょう。

では、ほとんどの事務所が狙っている〝一般法人〟を対象に考えた場合はどうでしょうか？

ターゲットのイメージは明確に湧くでしょうか？

私は仕事柄、多くの事務所にお伺いしておりますが、〝一般法人狙い〟となるとさすがに明確なイメージを持っている方は多くありません。それだけ、何となく営業活動をしているということでもあるでしょうし、どうしたらよいかよくわからない、といったところでしょう。ですが、せめてこれからお付き合いしたいお客様のイメージと、提供するサービスのイメージは具体的に持っておいた方がよいでしょう。

②ターゲットの悩みを知ることが「商品化」のスタート

では、ターゲットを明確にするにはどうしたらよいのでしょうか？　そのための考え方は二つあります。一つは、売上を中心とした「規模で顧客をセグメントする方法」、もう一つは「会社の成長段階に応じてセグメントする方法」です。

まず前者の「規模で顧客をセグメントする方法」についてですが、業種・業界が異なれば粗利率が異なりますので、頭の中で業種ごとに調整はしていただきたいのですが、売上規模によってある程度企業の会計事務所に求めるニーズは共通します。具体的には規模が小さければ小さいほど代行ニーズが強くなりますし、規模が大きくなればなるほど、より高度で密接なサポートが必要となります。

ですから、ご自分の事務所が、比較的小規模企業向けに、代行業プラスアルファのサービスを中心に進めていくのか、より高度な高付加価値型のサービスを、専門能力を高めることによって進めていくのかをある程度決めるということで、事務所でこれから狙っていく顧客を明確にすることにつながってくるでしょう。

次に、後者の「会社の成長段階に応じてセグメントする」ということも重要です。こちらも既にご承知のとおり、会社の成長段階に応じて経営課題や会計事務所に求めるニーズも異なるからです。

創業時であれば経営全般に関する基本的な質問と融資の相談が中心でしょうし、成長期であれば、事業拡大に向けた銀行融資、経営のアドバイスに加えて、労務に関するサポートも求められるでしょう。さらに、成熟期半ば以降の企業であれば、事業承継も視野に入れた、今後の事業の継続に関するサポートになることでしょう。

このように、対象とする顧客を具体化することで、顧客の求めているサービスが明確となり、その方々が求めるサービスに応じた商品を準備することができます。ですから、まずはターゲット顧客のプロフィールを明確にすることから始めましょう。

③ ミッション→ターゲット→サービスを連動させる

そして、おぼろげながら、顧客の経営課題とニーズが明確となったら、今度は大ざっぱで構わないので、自分たちが優先してサポートする顧客層を決めましょう。本当はすべてのお客様を相手に満足のいくサービスを提供できるのが理想ではあるのですが、すべてのお客様に提供したくてもすべてのお客様に満足いくサービスを提供できるわけではありません。そのためにもターゲット顧客を明確化して、そのお客様が求めるサービスを過不足なく提供しなければなりません。

実はここで「過不足なく」としましたのには理由があります。それは「プロローグ」でもお伝えしましたが、お客様の企業規模によって「会計事務所に求めるサービス」が異なっているからです。詳しくはこの後お伝えしますが、「記帳代行と決算申告をしっかりやってくれれば、あとは必要なときに相談できればよい」とお考えの企業に、経験年数五年以上の中堅職員の方が毎月とまではいわないまでも二〜三か月に一度のペースで訪問し、三〜四時間も費やして戻ってくるのでは、それなりの顧問料をいただかない限り採算が合うわけはありません。

逆に、お客様が会計事務所に「売上目標を達成するための経営アドバイス」を求めているのであれば、中期もしくは最低でも年度計画を立てて、毎月進捗管理をしなければ達成できないにもかかわらず、「普通の顧問料」をいただいて「普通のサービス」を提供したのではお客様の期待に応えることはできませんし、「普通の顧問料」でお客様の期待に応えるサービスを提供しようとすれば、これも採算が合わないことになるでしょう。

ですから、お客様の求めるサービスを、適正な料金で、ふさわしい能力を持った職員が「過不足なく提供すること」が大切になるのです。

2 あなたの事務所の「商品」は何か？

それでは、前項でお伝えしました「お客様の求めるサービスを過不足なく提供する」ためにはどうすればよいのか？　について、会計事務所のメイン商品である「顧問契約」を例に挙げて解説いたしましょう。

まず、下表「あまり儲かっていない事務所としっかり儲かっている事務所の違い」をご覧いただだいていかがでしょうか？「しっかり儲かっている」に該当する項目が多ければいうまでもありませんが、私が知る限りでは「しっかり儲かっている」に該当する事務所は少ないような気がします。

そこで「しっかり儲かっている事務所」との代

あまり儲かっていない事務所と
しっかり儲かっている事務所との違い

	あまり儲かっていない事務所	しっかり儲かっている事務所
1	顧問契約の料金は、お客様の売上規模と前の税理士の顧問料をみて決めている	顧問契約の料金は、提供するサービスに応じてあらかじめ決められている
2	顧問契約の内容は記帳の有無、訪問の有無、面談の頻度以外、決まっていない	顧問契約の内容は、あらかじめ設計されたコースによって明確に決められている
3	料金表はA4サイズのコピー用紙1 ～ 3枚程度に記載され、状況に応じて値引きしている	料金は「アプローチブック」にまとめられ、誰が面談しても同じ料金で受注している
4	お客様に請われれば、顧問契約の範囲内で何でも無料でやってしまっている	顧問契約に含まれないサービスは、すべて別料金をいただいて提供している
5	そもそも職員の方々に「顧問料とは別にお金をいただく」という概念がない	事務所で提供するすべてのサービスは商品化され、パンフレットにまとまっている

表的な違いを解説していきましょう。

①「顧問契約」の範囲内で何でも無料でやっていないか？

「あまり儲かっていない事務所」の最大の特徴は「職員の方々が顧問料の範囲内で何でも無料でやってしまっている」にあります。ではなぜ「顧問料の範囲内で何でも無料でやってしまうのか」といいますと、そこにもいくつかの理由があります。

◉顧問料の中身が何も決まっていない

一つは「顧問料の中身が決まっていないから」です。会計事務所の皆様に「顧問料の中身」という表現をしますと、最初は多くの方々が怪訝《けげん》そうな顔をされます。なぜならば、顧問料の中身といわれても、記帳代行の有無、訪問か来所か、面談は毎月か、隔月か、それとも三か月に一度かを決

める以外に思いつかないからです。

でも冷静に考えていただきたいのですが、記帳代行の有無はともかくとして、面談方法と面談頻度を決めれば何を提供するのか決まるものでしょうか？　訪問か来所か、毎月面談か隔月面談かを決めることは「顧問先に費やす時間と工数を規定すること」にはなると思いますが、お客様とお話しする内容や持参する資料などにまったく踏み込んでいないとは思われませんか？　したがって、誰が・どのような資料を用いて・どこまで提供するのかを決めないことには「顧問契約の中身」を規定したことにはならないのです。

◉お客様にいわれても抗弁できない・別料金を請求できない

次は「お客様にいわれても抗弁できない・別料金を請求できない」です。これはまさに前述の「顧問料の中身が何も決まっていない」の弊害そのも

のといえるでしょう。

例えば、担当者の方があるお客様から「来週までに金融機関に提出する○○の資料をつくってくれないかな?」と頼まれたとします。それなりに手間が掛かることなので担当者の方が「社長、さすがにそれは別料金をいただかないとできません」といったとしましょう。しかしながら、もし顧問先が「だってそんなことどこにも書いてないし、説明受けていないよね。それなりの顧問料を払っているのだからそんな固いこといわないで頼むよ」といわれたら反論することができるでしょうか?

つまり、顧問契約の中身を契約時に説明し、双方納得のうえで契約しませんと「顧問料の範囲内で何でも無料でやらざるを得なく」なってしまうのです。

◉顧問料と担当者の能力が連動していない

三つ目は「顧問料と担当者の能力が連動していない」です。どこの事務所でもよほど定期的に担当先を見直さない限り、「昔の担当者が昔からの料金で担当」してはいないでしょうか?

会計事務所のような専門サービスの場合、アドバイスの質は担当者のレベルによって決まりますので、「誰が担当するか」を規定しませんと、提供する「サービスの質」を規定することはできません。そのため、担当者にまだ力がなく、安い顧問料で契約した顧問先を「お客様の満足度が高いから」という理由でそのまま担当させるということは、事務所にとっては「持ち出し」で、採算が管理できていない、ということになります。

しかしながら、顧問契約の中身と併せて、誰が担当するのかまで規定しなければ、提供するサービスと担当者と料金の整合性が取れていないことになります。

②職員の意識変革がなされていない

多くの会計事務所があまり儲かっていないもう一つの要因は「職員の意識変革がなされていない」です。

私が「顧問料再設計」のお手伝いをさせていただく際の事例を挙げて解説しますが、私の顧問契約の考え方は、顧問契約を「代行業務」と「ノウハウ業務」の二階建てに分けて考えます。ちょうど、年金制度が「国民年金」と「厚生年金」の二階建てになっているようなイメージでしょうか？

では何が代行業務で何がノウハウ業務に該当するのか？　ということですが、代行業務とは記帳代行や決算申告のように、乱暴な言い方をすれば「誰がやってもほぼ同じ結果になるもの」をいいます。昨今、消えてなくなるとか儲からないといわれるのはこの代行業務です。それは誰がやっても

変わらない＝付加価値を上げられないからです。

対するノウハウ業務とは何かといいますと、いわゆる「〇〇対策・〇〇アドバイス」と表現できるサービスで、節税対策から始まって金融機関対策、相続対策、事業承継対策、月次進捗管理…などさまざまあります。

そのどれもが、担当者および事務所内部に蓄積されたさまざまな知見を基に提供されるサービスで、その難易度も提供するサービスもさまざまです。ですから、難易度や専門性が高ければ費用は当然高くなることでしょう。

ところが、多くの会計事務所職員の方々は、「申告書を作成するとか記帳作業をすることが本来業務」で、出来上がった後に「経営者の相談に乗る、各種アドバイスをする」といった業務は単なる付随業務で「ノウハウ業務＝お金がもらえる」という意識がまったくありません。ですから、本来はこれらの「ノウハウ業務をすべて商品化」して、

お金をいただくようにすれば、それだけで毎月の顧問料以上の金額をいただくことも可能であるのに、「お金をいただく」という感覚がないので、お客様に請われれば何もいわずに無料で引き受けてしまうということになってしまうのです。

いかがでしょうか？　このように考えると①顧問料の中身をきちんと決めない、②職員の意識変革を行うことに着手しないだけで、相当な金銭的な損失をしているとお気づきになるのではないでしょうか？　ちなみに手前みそになりますが、私が支援先の会計事務所の料金体系を再設計する際は、所長先生のみならず、職員の方々も巻き込んで「顧問料の中身」を規定し、打ち合わせの中で「職員の方々の意識変革」を行いますので、顧問料も生産性も上がるのはある意味当然のことといえるでしょう。

3 あなたの事務所の「商品」を明確に伝える

ここまで①顧問料の中身をきちんと決めること、②職員の意識変革を行うことの重要性についてお伝えしてきましたが、ここから先はどうやったらお客様からきちんとお金を頂戴できるのか？ そのためにはどのような準備をすればよいのか？ について解説いたします。

① 顧問契約を顧客ニーズに合わせて細分化する

ここまでもお伝えしてきましたように会計事務所で最も大切な商品は「顧問契約」ですが、多くの場合、相手の売上と訪問回数に応じて料金が異なり、それが簡単な一覧表になっている、という状況であることが多いようです。

事実、私の知る限りでは、そのような事務所が全体の八〜九割で、各々、以下のような症状に悩まされています。

1　月額顧問料を提示したら、前の事務所より高いから下げてほしいと頼まれた

2　設立間もない企業なので安く契約したが、一年たっても値上げできない

3　お客様の業績が上がってきたので値上げをお願いしたが、値上げに応じてくれない

皆様の場合はいかがでしょうか?

実は前記1~3の根本原因は、顧問契約の中身が一種類しかないことです。皆様にすれば「お客様の売上規模や訪問回数に応じて、きちんと料金を変えていますよ」とおっしゃるかもしれませんが、それは金額が違うだけで内容は一緒ではないでしょうか?

前記の三つのケースについて解説していきましょう。

まず「1　月額顧問料を提示したら、前の事務所より高いから下げてほしいと頼まれた」のケースですが、値下げを頼むこと自体は、お客様の要求としては当然のことですので、問題はこちらがそれに応じるか否かです。しかしながら、多くの場合、五〇〇〇円程度であれば「社長、では今回は前の料金に合わせるようにいたしますが、その代わり、業績が上がったら値上げさせてくださいね」と口約束を交わして値下げを了承するのではないでしょうか?

その理由は、顧客契約の中身が一種類で単純に料金を下げる以外は、値下げ要求に対応する方法がないからです。ですから、顧問契約を三~四段階に分けて、同じサービスを値引くのではなく、値引きを求められたらサービスレベルを一段下げて、「料金を下げたら工数も下がる」ようにしておかなければ、事務所の生産性が単に下がるだけになってしまいます。

次に「2　設立間もない企業なので安く契約したが、一年たっても値上げできない」ですが、これも相手の懐具合が寂しいという事情に合わせて、「顧問契約」という名の下の「フルサービス」を破格の値段で提供してしまっていることがそもその間違いです。お客様がフルサービスを安い価格で享受してしまっているのに一年たったからといって、わざわざ値上げを了承することはありません。本来はプロローグでもお伝えしたとおり、創業経営者が求める「記帳代行と決算申告と必要なときには相談が受けられる」というサービスがあれば、それを適正価格で提供すればよいだけで、他の顧問先と同じサービスを期間限定とはいえ、安く提供する必要はないのです。

そして最後の「3　お客様の業績が上がってきたので値上げをお願いしたが、値上げに応じてくれない」ですが、こちらは、「業績が上がったから値上げをお願いします」という発想そのものがナンセンスです。

会計事務所にとって「会社が存続するように、アドバイスをすること」は会計事務所の使命かもしれませんが、「業績を上げる」ことは仕事ではありませんし、実際多くの方々はできません。であるならば、中途半端に「業績を上げる」などとはいわず、「業績ではなく、提供するサービス」に価格を割り付けるべきです。

前述の「儲かっていない事務所と儲かっている事務所の特徴」のところでも申しあげましたが、提供するサービスやクオリティによって適正な料金を頂戴できるように「顧問契約の内容をあらかじめ三〜四段階に分けて設定しておく」ことが大切といえるでしょう。

②顧問契約を視覚化する

そして、顧問料を「あらかじめ三〜四段階に分けて体系化」ができたら、次に必要なのは「視覚化する」ということです。お客様は皆様が思うほど、会計事務所のサービスを理解していませんので、「顧問契約」の中で何ができて何ができないのか、何が料金に含まれていて、何が有料なのかをお客様に伝えるツールが必要となります。

そういう意味で最もイメージしやすいのは、自動車のカタログの後ろの方に載っている「グレード別一覧表」をイメージいただくとよいでしょう。みたことがある方も多いと思いますが、グレードによってカーナビがついているとかついていないとか、シフトが四速だとか六速だとか、排気量がローグレードは二五〇〇CCでハイグレードは三〇〇〇CCであるなどが、一覧表で比較できるようになっていますよね。そのようにまずは提供できる顧問契約の全体像を一覧にするとよいでしょう。

そのうえで、お客様が希望するサービスが固まったら、希望するグレード別に料金の詳細が載っているものを準備し、お客様と具体的な交渉に入っていくということです。

弊社では、アプローチブックという革張り風のバインダー形式のものを用意し、視覚的にもわかりやすく格調高い物を用意していますが、こちらにつきましては第五章「④営業ツールを準備する」でお伝えいたします。

③ 単品メニューをつくる

そして最後は、顧問契約以外の「単品メニュー」をつくるということです。

この章の前半で、皆様の事務所がターゲットとするメインのお客様をイメージし、お客様の経営課題と会計事務所に求めるニーズを明確にしましょうとお伝えしました。そのお客様が望むことに応えるサービスをつくるということです。

会計事務所の場合、決算申告という「法的独占業務」があるため、ある一定規模以上の企業になると顧問契約を締結するので、「商品をつくって売る」という発想はないかもしれませんが、世間一般では、顧客は自分の求めているものを実現するために「商品やサービス」を買います。ですから会計事務所にも「商品（サービス）」は必要なのです。

では、商品にはどのような要件が求められるでしょうか？　その要件は以下のとおりです。

1　その商品（サービス）は誰のためのものか？

2　商品（サービス）を受けることでどんな成果が期待できるのか？

3　その商品（サービス）を受ける際の手順・方法・期間は？

4　その商品（サービス）はいくらするのか？

まず「1　その商品（サービス）は誰のためのものか？」ですが、人は「あっ、それって自分のためのものだ」と思わないと、商品・サービスに興味を持ちません。

特に、会計事務所のお客様の場合、提供するサービスの必要性を感じていない場合も多いですから、さまざまな方法でこちらから需要を喚起し、お客様に「自分に必要なサービスである」という認識を持ってもらわねばなりません。

ですから、まずは顧客のプロフィールを明確化し、顧客の経営課題とニーズを知ることが商品を開発するうえで最も重要なことなのです。

次に「2　商品（サービス）を受けることでどんな成果が期待できるのか？」について明確にする必要があります。

お客様はお金を払って依頼されるわけですから、このサービスを受けることで、未来の自分がどうなるのかを具体的にイメージできなければいけません。ですから、このサービスを受けることでお客様はどんな成果を得ることができるのか、会計事務所としてどんなお役立ちができるのかを明確に表現しなければいけません。

さらに「3　その商品（サービス）を受ける際の手順・方法・期間は？」を明確にすることです。お金を払ってサービスを受ける以上、どのような方法で、どんな順番で、どのくらいの期間で目的が達成されるのかを知りたいと思うのは当然のことです。そして、本気で検討する際には、2の「期待される成果」が本当にその方法で実現可能なのか、厳しく吟味することになるでしょう。

もし「どうもこの方法では期待する成果を得られるとは思えない」と感じれば、お客様は依頼しませんので「そのサービスを受ける際の手順・方法・期間」が合理的であるかどうかは重要な要素です。

4番目は、お客様にとって最も気になる「そのサービスはいくらするのか？」です。いうまでもなく、お客様は成果を手に入れる代価として「お金を払う」わけですから、前述のとおり「このサービスを受けることで得られる成果」を手に入れるために、この金額を払うことは合理的かどうかを考えます。

会計事務所の場合は、一般的に「顧問料月額○万円」という提示で契約をする習慣があるため、料金というとすぐ「月額○万円」と考えがちですが、「月額○万円」というのは月の単価であって「総額」ではありません。ご自分で考えればわかると思いますが、人がモノを買うときは「総額いくらで、自分にはそれだけのリスクを負えるのか、そしてもし払う場合に一括にするのか？　それとも分割で払うのか？」というように考えます。ですから、事務所で提供するサービスを商品化する場合には「総額でいくらか」を明確にすることが経営者に意思決定しやすくする秘訣《けつ》です。

【第三章まとめ】……この章のポイント

▼商品化のスタートは、対象とする顧客を具体化すること。顧客の求めているサービス（商品）が明確になる。

▼「あまり儲かっていない事務所」と「しっかり儲かっている事務所」の五つの違いから、事務所のレベルに応じた商品を考える。

▼事務所の商品をお客様にわかりやすく伝える工夫をする。

①　サービス・クオリティに応じた料金体系をつくり、一覧できるようにする。

②　お客様の経営課題と会計事務所に求めるニーズに合った「単品メニュー」をつくる。

【第四章の概説】……次の章に進むにあたって

第四章では、事務所の拡大に不可欠な組織のつくり方を考えます。どんなによい商品をつくっても、それが事務所職員に共有されていなければ、お客様のニーズには応えられずに、事務所の成長も停滞してしまいます。ですから、第二章でもお伝えしたように、事務所で掲げたミッション（使命）を職員にも広めていかなければならないのです。

組織づくりは、売上七〇〇〇万円前後の方が今まさに直面している課題となっていることが多いようです。このラインにいる方は特に注意してみてください。また、これから組織を拡大していく方は、土台を考える大切な章となります。それぞれの状況に応じて、メリハリをつけて読み進めるようにしましょう。

第4章
組織をつくる

1 「肥大」と「拡大」の違い

ここまで、一億円突破の事務所づくりを確実に進めるために、ミッション（使命）の明確化、事業ドメインの設定、ターゲットの設定、商品化の進め方について説明させていただきました。読者の皆様の中には「そろそろ顧客獲得か？」と思われる方もいらっしゃることと思いますが、いいえ違います。この章でお伝えするのは「組織づくり」です。

なぜかといいますと、一億円の手前で低迷、あるいは挫折している事務所の多くは、所長先生が頑張って大きくした組織を、「みんなが頑張る組織」に転換できずに失速しているからです。そこで、皆様に同じ失敗をしていただかないためにも、組織づくりから説明させていただきます。

① 肥大化した組織は自立できない

現在、多くの会計事務所が顧客獲得を含めた売上の拡大と維持に苦戦されているようですが、私が多くの現場をみて、肌感覚で特に大変そうだなぁと感じているのは「職員一〇～二〇人の事務所」です。なぜ一〇～二〇人規模かといいますと、ひとことでいえば、売上の見通しが立ちにくい中で、人件費を含めた固定費負担が大きくのしかかり、事務所の収益を圧迫しているからです。

もちろん、一〇人未満の事務所も二〇人以上の事務所も業績が厳しいことは変わりありません。しかしながら、比較的小規模な事務所の場合、所長先生の報酬を減らせば、数名分の人件費を賄うことができないわけではありませんし、場合によってはこれまでの蓄えで何とかすることも可能です。

また、二〇人を超える組織になってきますと、これから私が説明する「みんなが頑張る組織」ができている場合が多いので、所長が頑張らなくても売上がある程度上がる仕組みができています。また、既に地域で一定の認知度がありますので、優良顧客が流れてくる仕組みが構築できている場合も多いからです。

ところが、一〇人から二〇人の事務所の場合は、職員主導で顧客を獲得する仕組みができていない事務所が多く、所長が顧客を獲得できないと、途端に仕事がなくなります。ですから、とても大変なのです。

それでは、今まさに困っている先生方が一体どうしたらよいのか、これから組織を拡大しようとされている事務所がどういう手順で組織づくりを進めればよいのか、ということについて、まずは組織拡大の基本的な考え方から説明させていただきます。

◉組織づくりのイメージを持たないまま、大きくなってきた組織の場合（次頁上図）

1　開業以来、知人・友人、金融機関、顧問先の紹介等で顧問先が増加する

2　顧問先の増加に伴って、部署を新たに追加

3　部署一も部署二も部署三も取組みに差がないため、所長が受注できないと共倒れに（エンジンは一基）

◉対して下図の拡大する組織の場合

1　開業以来、知人・友人、金融機関、顧問先の紹介等で顧問先が増加する

2　顧問先の増加に伴って、部署を新たに追加。同時に部署に主要テーマを与える

3　部署一と部署二と部署三で顧客もテーマも異なるため、独自に集客できる（エンジンは三基）

4　後はこの繰り返し

いかがでしょうか？　イメージは湧きましたでしょうか？　この二つの事務所で決定的に異なるのは、上図の事務所は規模の拡大に伴って、ただ組織を拡大しているのに対して、下図の事務所は規模の拡大に伴って、部署の活動の柱となるテーマ・分野を設定し、特徴を持った部署づくりを行っています。言い方を変えれば、上図の事務所は何の特徴もないまま肥大化しているのに対して、

肥大化した組織（例）

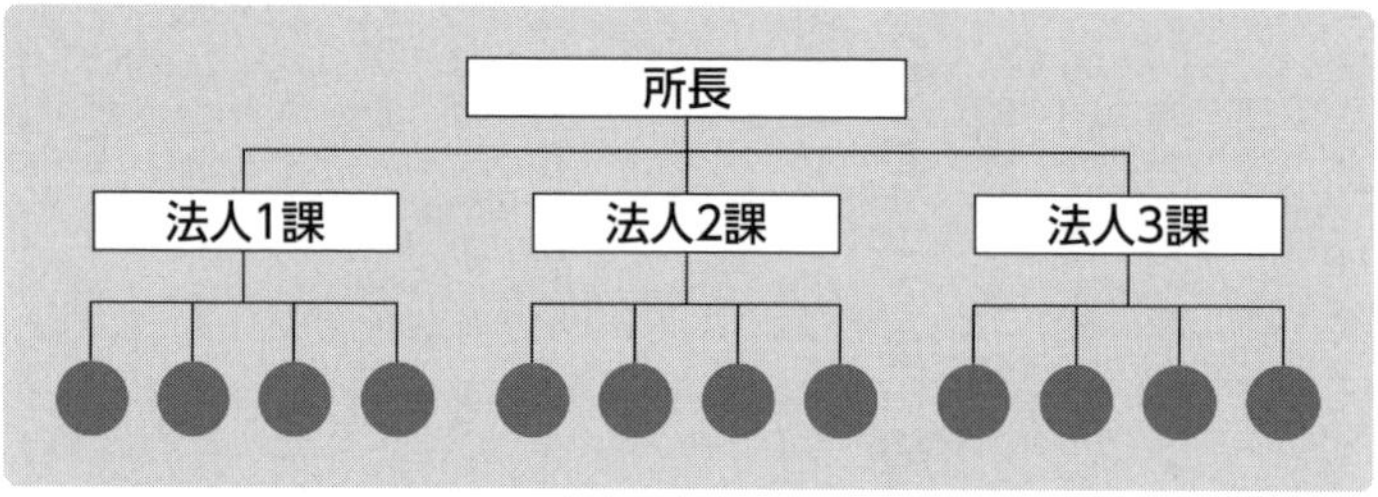

拡大する組織（例）

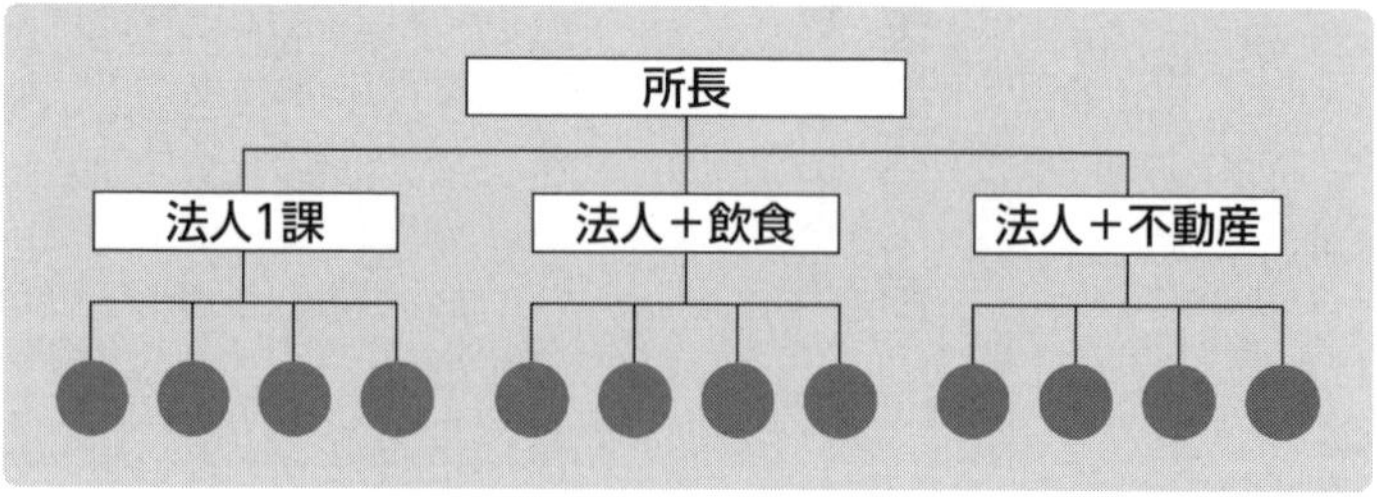

下図の事務所は何らかに特化した部署を増やしながら、総合事務所になっているということです。

ですから、普通に組織をつくってしまうと、いざ顧客を獲得しようにも「特徴のない複数の部署がただ寄せ集まっているだけ」なので、新規顧客の獲得ができずに業績が低迷してしまいますが、拡大する組織の場合は、特徴を持った部署の集合体なので、部署ごとにセミナーの開催やウェブサイトの立ち上げ、チャネル開拓等を行って、さらに顧客を獲得していくことができるのです。

ですから、事務所の規模が拡大してから組織をつくるのではなく、拡大する過程の中で、あらかじめ将来の組織設計を行いながら拡大するという点で、決定的に異なるのです。

② 組織にもエッジを効かせる

それでは、今申しあげた「特徴を持った組織づくり」を行うにはどうしたらよいかについて解説いたします。まず切り口としては、

1　業種・業界で切る
2　分野・テーマで切る
3　顧客の特性で切る

の三つです。

まず「1　業種・業界で切る」についてですが、これは昔からよくいわれていることではありますが、医業、建設業、飲食、美容、介護、公益法人など、対象顧客を特定の業種に絞って展開するという方法です。

この方法のメリットは、

1　業種・業界を絞っているので、マーケティング活動がしやすい

2　業種・業界を絞っているので、業界名簿を入手しやすい
3　業種・業界を絞っているので、業界内の代理店や協会・団体等と協業しやすい
4　業種・業界を絞っているので、所内にノウハウが蓄積しやすい
5　蓄積したノウハウを、業種・業界を変えて横展開しやすい
等が挙げられます。

逆にデメリットとして、
1　地方都市など、商圏自体が小さい場合、特化するほどマーケットがない場合がある
2　ニッチすぎる業種の場合、マーケットが小さすぎる場合がある
3　特化業種が衰退すると、それに伴って売上が下がってしまうおそれがある
が挙げられます。

次に「2　分野・テーマで切る」ですが、この

場合は、資産税、事業承継、事業再生、海外進出、国際税務といったサービス内容で分類する方法と、法人設立や年一決算、税務調査、資金調達等といった顧客を獲得するための入り口となる商品で分類するという方法もあります。

前者の資産税、事業承継、事業再生、海外進出、国際税務といったサービス内容で分類する場合は、高い専門性が求められるという点と、対象顧客を特定しにくいため、マーケティング活動がやや難しいという面がありますが、翻って、その道の権威になってしまえば、その後の活動はやりやすくなるともいえます。

対して後者の法人設立や年一決算、税務調査、資金調達等といった「入り口となる商品」による分類は、マーケティング活動が比較的やりやすい半面、誰でもできる内容のため、競合過多で価格競争になりやすいという面がありますので、他の事務所がまだ気づいていない切り口をいち早く察

知するなどの工夫が必要となります。

そして最後の「3　顧客の特性で切る」ですが、特性とは、相手先の規模（売上・粗利・従業員数）や経営者の年齢、創業経営者か二代目・三代目か等、さらには創業からの年数等です。

例えば、創業して間もない企業であれば、税理士に対してのサポートニーズは極めて薄く、あっても記帳代行や給与計算といった代行ニーズが中心となるでしょう。さらに、会社が成長するに伴って、事業拡大に伴う銀行融資や事業計画作成、分社化、多店舗化、人事・評価制度構築といった課題が出てきますし、経営者の年齢や創業からの年数によっては、事業承継や相続、事業再生、企業再生、廃業、売却…といったさまざまな課題が発生してきます。

これらの特性からアプローチする場合、経営者の年齢や立場が同等の方々へのアプローチが多くなりますので、一人お付き合いが始まりますと、

経営者の知人・友人をご紹介いただける可能性も高まるでしょう。特に、皆様の年齢が三〇代後半から四〇代であれば、老舗の企業の代替わりに伴って、税理士切り替えも拾うことは可能です。

逆に、経営者と話が合わなかったり、価値観が合わなければ、長期継続的にお付き合いすることは困難ですから、顧客との相性も大切です。

以前、ある高名なマーケティングコンサルタントのセミナーに伺った際、その方は「専門家にとってのクライアントの年齢は、自分の年齢のプラスマイナス一二歳である」という話をされていました。私も同感で、年齢はもちろんのこと、金銭感覚、創業者か二代目・三代目か、といった観点で相性のよい顧客を明確にすることは必要です。

以上、ここまで「ターゲットを明確にする」という話をしてきましたが、ターゲット設定はマーケティングの基本です。現実的にはどの部署も一般法人の顧問をしながら強い分野を付加してゆく

という運用になると思いますが、特徴を持たずに拡大するだけですと、これからの時代はなかなか厳しいことが予測されます。しっかり考えるようにしましょう。

2 「所長が頑張る組織」から「みんなが頑張る組織」へ

①「所長が頑張る組織」と「みんなが頑張る組織」の違い

それでは「一億円突破のための組織のつくり方」をお伝えしたいと思います。

既に本書内で何度か触れておりますので、言葉と概念はご理解いただいていると思いますが、ここではさらに詳しく解説したいと思います。

まず、「所長が頑張る組織」と「みんなが頑張る組織」のイメージは、ネーミングから推察されると思いますが、実際にどのように違うのか、役割の違いも含めて図示してみましょう。図をご覧ください。

所長が頑張る組織

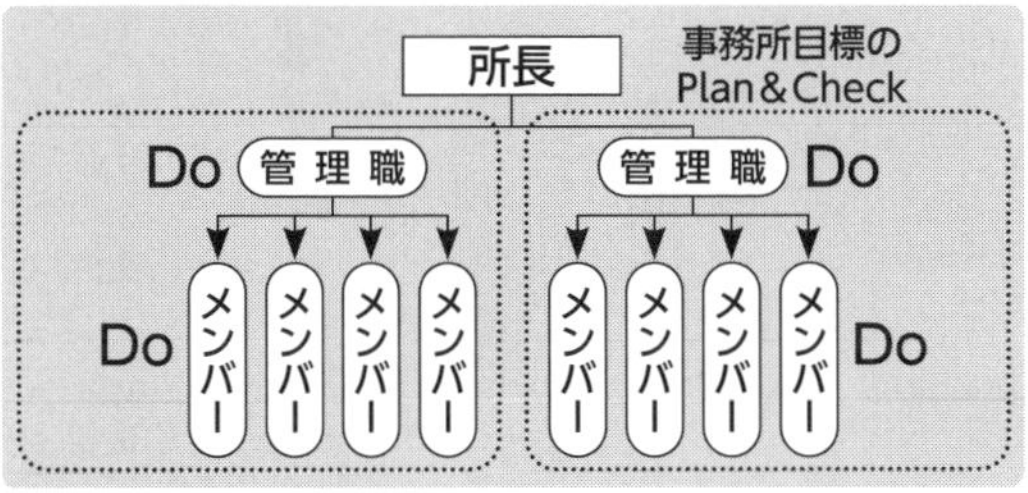

みんなが頑張る組織

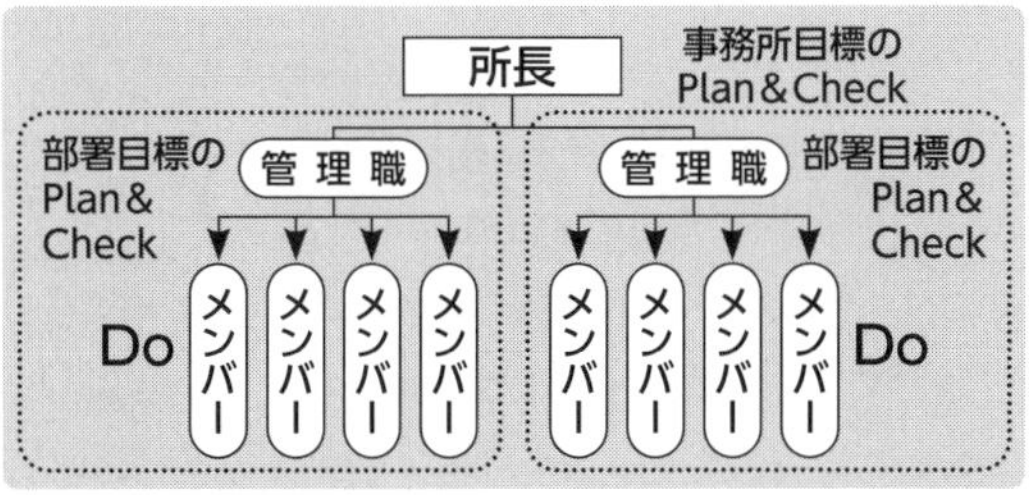

「所長が頑張る組織」と「みんなが頑張る組織」を見比べていただくとおわかりいただけると思うのですが、見た目にはどちらも組織図上は同じ構造をしています。では一体どこが違うのか、実は、

所長が頑張る組織とみんなが頑張る組織

	所長が頑張る組織	みんなが頑張る組織
Plan （計画）	所長が事務所全体の計画を練る	所長が事務所全体の計画を練る 管理職が全体を踏まえ、自部署の計画を練る
Do （実行）	所長が実行計画に基づいて指示を出す 管理職が実行をサポート	管理職が実行計画に基づいて指示を出す メンバー全員が実行
Check （評価）	所長が各部署の実績を束ねて、部署と全体の進捗状況をチェック	管理職が自部署の進捗状況をチェックし、所長に報告
Action （改善）	所長が対策を立案し、管理職に指示	管理職が対策を立案し、メンバーが実行

違いは組織構造にあるのではなく、所長、管理者、メンバーの役割の違いにあります。簡単に整理をしますと、Plan（計画）➡Do（実行）➡Check（評価）➡Action（改善）というＰＤＣＡサイクルの回し方が異なるのです。

つまり、所長が考えてメンバーを動かすのが「所長が頑張る組織」、管理職とメンバーが考えてみんなで動くのが「みんなが頑張る組織」です。では、「所長が頑張る組織」と「みんなが頑張る組織」では、なぜ業績が大きく異なるのでしょうか？

②「所長が頑張る組織」では大きくなれない理由

●メンバーの意識の違い

一番目はメンバーの意識の違いです。売上一億円の一歩手前で停滞したり、壁に直面して挫折してしまった事務所の多くは、所長先生が頑張って

売上をつくってきた事務所がほとんどです。ここに至るまでの長い道のりの中で、「受注するのは先生の仕事、処理をするのが私たちの仕事」という認識が出来上がってしまっている場合がほとんどです。

ですから、無意識のうちに、「事務所の売上が増える」→「自分の仕事が増える」→「これ以上受注はしないでほしい」という方程式が出来上がっていて、ひどくなると、「新たに仕事を決めてきた所長が悪い」という認識になって、職員が抵抗勢力化している事務所もあります。

このように、「受注は所長の仕事」という雰囲気がまん延していて、組織風土にまでなっていると、なかなか「自分の食いぶちは自分で稼ごう」とは思わないものです。ですから組織が小さいうちに「みんなが頑張る組織」を想定して組織図を描かないと、大きくなってから組織風土が変わるものではないのです。

◉ 駆動力の違い

二番目の違いは駆動力の違いです。今でも、売上一億円未満の多くの事務所は、「所長が頑張って」事務所の売上をつくっています。これは前述したように、動力のついた先頭車両のみで、重い貨物車を引っ張っているようなものです。これでは、所長がどんなに頑張っても、率いることができる車両には限界があります。

対する「みんなが頑張る組織」は全車両にモーターがついた、新幹線型車両のようなものですから、どんなに車両が増えて、編成が長くなっても、各車両が動輪ですから、ものすごいスピードで走ることが可能となります。

多くの事務所が売上一億円を突破できない一つの理由は、「所長が頑張る組織」の動力には限界があるということです。

◉ 不明確なターゲット設定

三番目の理由は不明確なターゲット設定です。第三章でも述べましたが、「所長が頑張る組織」は売上や顧問先の増加に伴って、単純に部署が増えたケースが多いため、どの部署にも明確な活動テーマが与えられていません。

明確なテーマが与えられていないということは、ターゲット顧客が不明確ということですから、事務所全体でセミナーやＤＭ、ウェブサイト等を使った顧客獲得はできるかもしれませんが、部署別には独自の取組みを行うことができません。

ところが「みんなが頑張る組織」の場合は、前述のとおり部署を増やす時点でテーマや分野を与えて部署をつくりますので、事務所全体のマーケティングの活動とは別に、部署ごとのテーマ・顧客に合ったセミナーやウェブサイトの製作、チャネル開拓等によって、顧客獲得に向けての取組みができます。つまり事務所として複数のエンジンを備えることができるので、それだけ推進力は強くなるのです。

このように、売上一億円を突破する事務所とそうでない事務所では、組織をつくる際の基本的な考え方がまったく違います。組織が大きくなる前から、前記のようなイメージで組織をつくり始めることが「みんなが頑張る事務所」の近道なのです。

③「みんなが頑張る組織」をつくる手順

それでは、考え方を理解いただけたところで、どのように「みんなが頑張る組織」をつくるのか、その手順をお伝えします。

◉ 部署に特徴を持たせる

「みんなが頑張る組織」をつくるには、部署に特徴を持たせるということですが、部署を立ち上げた後に、中心となって動いてくれるのはその部署のトップです。ですから、部署のテーマや特徴に納得して取り組んでもらうためには、所長が勝手に決めたのでは絶対にうまくいきません。なぜならば、立ち上げた後でうまくいかなかった場合、部署のトップが必ずといってよいほど「自分は本当は○○はやりたくなかったのに、所長が勝手に決めたから…」と言い訳をするからです。ですから必ず所長と部署の責任者が話し合って、部署のテーマ・分野は決めてください。

そして、最初に特徴を持った部署を立ち上げる際は、あまり難しく考えず、①事務所の得意な分野、②地域的に顧客の多い業種、③部署の責任者が得意な業種・テーマといったように、最もストレスなく立ち上がる方法でとにかく立ち上げてみてください。やってみるとわかりますが、「何か一本柱を立てる」ということは、はたからみるよりもはるかにエネルギーが必要で、部署のトップが本気にならないと立ち上がりません。ですから、最初は最もやりやすく、所長が協力しやすい分野から取り組みます。

なお、業種やテーマは途中で変わることもありますし、立ち上げてみたら違う切り口がみえてくる、ということもありますので、まずは立ち上げることが大切です。その際は、一般法人を基本としながらも「専門分野・テーマ」を付加していく方法がよいでしょう。

◉任せきりにしないで所長も立ち上げに関わる

次に大事なことは、「立ち上げに所長も関わる」ということです。

前述の①事務所の得意な分野、②地域的に顧客の多い業種、③部署の責任者が得意な業種・テーマといった場合は、部署の責任者にも経験とイメージがあるからまだよいのですが、そうではなく、事務所の戦略として「農業法人を開拓する」

とか「○○業界向けの部署を立ち上げる」といった場合は、基礎知識の習得から始めなければなりませんから特に大変です。

具体的には、これから立ち上げる業種向けのセミナーや勉強会に参加したり、必要な資格を取得したり、結構な手間と労力がかかります。それを所長が「今度○○という業種向けの部署を立ち上げるからよろしく頼むな！」と任せたところで、部署責任者にすれば「また余計な仕事をやらされる」と思うのが当然ですから、なかなか前に進みません。ですから、新たな業種やテーマに絞った部署を立ち上げる際は、必ず所長もセミナーや勉強会の参加から関わってください。また、万一、部署が立ち上がってから責任者が辞めてしまった場合、「所長も含めて誰もわからない」ということでは困りますので、そのあたりのリスクも考慮し、一緒に立ち上げてください。

なお、私が親しくお付き合いさせていただいているある事務所も、前記のような手順で複数の部署を立ち上げて、数億円の事務所をつくられています。そして、この環境下でも各部署が推進エンジンとなって、毎年数千万円ずつ売上を伸ばし続けています。

◉部署に目標を与える

特徴を持った部署が立ち上がりましたら、次に着手すべきは「部署に目標を与える」ということです。

ゆくゆくは、個人目標⬇部署目標⬇事務所全体の目標、あるいは、事務所全体の目標⬇部署目標⬇個人目標というように、事務所全体と個人の数字が連動するのが理想なのですが、まだまだ多くの事務所では事務所の目標しかないか、事務所の目標があってもそれすら共有されていない、という場合が多いので、まずは事務所全体の目標を部署に落とし込むというところから始めましょう。

④ 会議を使った管理手法

数値目標が設定できたら、目標達成に向かって歩みを進めるために、「会議」を使って進捗を管理しましょう。

読者の皆様の事務所でも月に一度程度の会議は実施されているのではないかと思いますが、組織を拡大していくためには、全体での会議のみならず、目的とメンバーを明確にした会議を複数設定し、会議の中で進捗をコントロールする方法がとても有効です。なぜならば、検討すべき会議を設定することで、

1　いや応なしにそのことに関して検討する時間ができる
2　重要事項を推進するために必要な人を、「会議メンバー」として割りつけることができる
3　「所長が決めたこと」ではなく、「会議による決定事項」ということで、公式に推進することができる

からです。

では、テーマ別会議とは、どのような会議をどのように実施すればよいのかを整理していきましょう。

◉全体会議

まずは、全体会議です。これは、月初会議とか月末会議等といった表現で行われることが多いと思いますが、事務所全体で行う会議です。

私が実際にこれまでみてきた多くの事務所では、①所長の挨拶と近況報告、②メンバー全員の担当先の進捗状況、③その他報告事項、というような構成で行われているようですが、ここに必ず入れていただきたいのが、全社の売上報告と部署別の売上報告です。なぜかといいますと、会社の業績に対する意識を持った部署・個人を育てたい

からです。

では、なぜ多くの事務所では業績目標について触れないのでしょうか？　それは、

1　事務所全体の数値目標はあるが、部署別・個人別の目標を設定していない

2　実は事務所の数値目標が設定されていない

3　営業活動（受注活動）は所長一人でやっているので、話したところで仕方がないと思っている

からです。

ですから、業績に対する意識を持たせる会議を行うためにも早急に①事務所の目標売上を設定し、②部署別の目標を設定しましょう。

そして、議題は、前述の①所長の挨拶と近況報告、②メンバー全員の担当先の進捗状況、③その他報告事項に、④部署別実績報告と対策を加えてください。④を加えることで、全体会議の前に、各部署の長は部署の現状と数字の把握、そのうえで今後に向けての対策を考えなければなりませんので、数字に対する意識は自然と高まっていきます。

◉部署別会議

次に行っていただきたいのが、全体会議で「部署別実績報告」を行うためのプレ会議としての部署別会議です。主宰は各部署の長で、部署の責任者が自身の権限でメンバーを招集することになります。所長が同席するかどうかは、部署の長が判断します。

検討すべき内容は、①部門長の挨拶、②部署の近況のほか、③部署の数字の報告と対策の話し合いです。議題だけみると、部署別会議も全体会議も似たような印象を持つかもしれませんが、全体会議と異なるのは、全体会議は全体に対する「報告主体」であるのに対し、部署別会議は今後の目標達成に向けた対策を講じるための「対策立案会議」であるということです。

最初の頃は初めてのことで知恵が出ないかもしれませんが、次第に活発に意見も出るようになりますし、優秀な方は「自分には知恵がない」ことを自覚して、マーケティングの勉強をしたり、新たな顧客獲得の情報を拾いにいくようになります。粘り強く続けてください。

◉部課長会議

この会議は、所長と部課長もしくはそれに準ずる方だけを集めて行う会議です。

議題は、所長による近況報告、各部門の状況報告はもちろんですが、主に話し合うのは、①事務所全体としての顧客獲得の取組み、②各部署・各個人の生産性の改善やクレーム報告、顧問先の解約状況等、各部署の様子、③新規獲得したお客様を各部署に割り当てるための担当先検討等、④職員の様子（様子がおかしいとか辞めそうだとか、人が足りない等）についての情報共有です。

私は、伸びている事務所と伸びていない事務所の差は、この「部課長会議」での意識と情報の共有にあると考えています。

例えば、皆様の事務所でも「所長が仕事を取ってくると職員さんが下を向く」というような状況を経験したことがあると思いますが、その理由は、①部署目標が不明確で、部課長自身にその仕事を自部署で引き受けたいという気持ちがない、②事務所の中に「生産性を管理する」という意識と、管理する仕組みがないため、「なるべく仕事は引き受けたくない」という空気がまん延し、新規顧客は「やる気があって嫌といわない人」に集中してしまうからです。

私のご支援先でも業績のよい事務所では「うちの部署はこんなに工数がかかるお客様をその単価では担当できません。前回の○○様はこちらで対応したのですから、今回はそちらでお願いします」とか「うちの××さんならまだ少し余裕がありますから、その案件は××さんにやらせてください」

といった内容を部課長会議でけんけんごうごうとやっています。そういう数字に対する意識と意欲が強い事務所は、当然大きく伸びています。

ぜひ、読者の皆様の事務所でも、会議を使った進捗管理を実行してほしいものです。

3 業務を分業化する

次は、所内の分業化について考えたいと思います。

会計事務所の業務の効率化という観点では、「コンピュータ会計の導入」以来、あまり大きな変化のなかった会計業界ですが、クラウド会計の登場によって会計事務所の「入力」に対する概念は大きく変わりました。この一〇年でクラウド会計ソフトも各社出そろい、事務所内で手入力する、自動取込機能を活用する、入力作業を外部にアウトソーシングするなど、入力作業もさまざまな方法を選択できるようになりました。実際、私の支援先の事務所では、入力作業は「すべてスキャンして外部に委託する」という方法に変えてしまったため、最近は新卒や未経験者を採用しても入力の仕方すら教えなくなってしまいました。

とはいうものの、職員の皆様が「お客様の会計データを入力もしくはチェックし、会計資料をつくり、それを持ってお客様のところを訪問し、説明・提案する」という業務フロー自体は大きく変わっていないので、いかに業務を効率化するかが、事務所の生産性向上に直結します。

そこで、業務の効率化を目指す際はどのように考えるべきなのか？ その手順を整理したいと思います。

◉第一段階：会計データの入力と監査担当を切り分ける

まずは、会計データの入力と監査担当を分離します。

これは、お客様から預かった資料の入力を何らかの方法で監査担当から切り離し、出来上がった資料を持って監査担当が監査を行うという方法です。

以前から入力は「入力担当者」もしくは「外部」に任せ、担当者は月次業務に集中させましょう、ということは業界的にも以前からいわれてきたことですが、まだまだ担当者が自分で入力し、試算表を作成し、それを持って訪問するという流れで日々の業務を行っている事務所も多くあるようです。

そういう方々には「他人が入力したデータでは信用できない・お客様に説明できない」という意識が根強くあるようですが、まずはそのあたりから変革しなければ、一口に「会計データの入力と

監査担当を切り分ける」といってもなかなか前に進められません。

会計データの入力は、パート社員の方に入力いただく、外部にアウトソーシングをする、クラウドソフトの「自動取込機能」を利用するなど、選択肢はたくさんありますので、事務所に合った方法で検討いただければよろしいと思います。ある程度規模の大きな事務所であれば、入力専門の部署をつくって完全に分業しているケースも多いことでしょう。

◉第二段階：資料回収、入力、監査を分離する

第二段階では、これまで監査担当者が資料回収してきた回収業務を切り分け、回収専門の担当者を置く、もしくは回収を仕組み化するということです。

話はそれますが、例えば読者の方の中にも毎年、確定申告がギリギリまで終わらない事務所もたく

さんあると思いますが、その根本原因は①「資料回収の遅れ」と②「到着した資料の確認の遅れ」、③「着手の遅れ」にあります。これなども、きちんと準備物を一覧表にして、事務スタッフの方が機械的に催促と確認をすれば、大幅に時間を短縮することが可能です。これについては、グループウェアを使ってきめ細かく管理している事務所が増えているように感じます。

実は月次もまったく同じで、資料回収を切り離し、早期に資料を送っていただくことで、早期の入力⬇しっかりとした訪問準備を行うことが可能となります。

◉ 第三段階は、決算書のチェック部門を設ける

さらに分業化を進めると、資料回収⬇データ入力⬇試算表出力⬇監査⬇決算書等の作成の後に、上司もチェックしますが、「決算書チェック部門」を設けて、そのチェック部門が決算書の中身についてチェックする分業体制になります。

これによって、決算書の精度が上がり、税務リスクが軽減することはもちろんですが、上司が自分の担当を抱えながら、部署のマネジメントまで行い、決算書の中身に責任を持つという負担を軽減することができます。

実際、「税理士部屋」と称した申告書をチェックする専門の税理士を置く事務所もありますし、元国税の出身者に、税務調査を前提とした視点でチェックをしてもらっている事務所もありますので、これからの税務リスクを考えると、ぜひ検討いただきたいスタイルです。

◉ 第四段階：監査担当とコンサルティング担当を分離する

そして最後は、監査担当とコンサルティング担当の分離です。

これはかなり難易度が高いですが、ある程度の

規模で、高額な顧問料をいただいているお客様に税務・会計だけのアドバイスで満足いただくことはなかなか大変です。そこで、労務や法務、販売促進といった経営に関するコンサルティング業務を取り入れ、監査担当者とは別に「コンサルティング担当」を置いて訪問させるというスタイルです。

ある事務所ではこのスタイルの導入当初、「コンサルティング担当」に任命した職員から「監査なしで経営者に会って何を話せというのですか？」と猛反発を受けたそうですが、所長が「そこに価値をみつけて提案するのがコンサルティング担当の仕事だろう」と受け付けなかった結果、今ではしっかりと「コンサルティング」だけで訪問しているようです。

このように、業務の効率化のみならず、顧客の幅広いニーズに対応し、より付加価値の高い業務を提供するには、分業化の仕組みを導入することが必要であると思います。

4 内部管理体制をつくる

組織づくりの最後に、内部で管理すべき内容について整理してみましょう。

前項でも申しあげたように、「みんなが頑張る組織」をつくるためには、テーマごとに会議体を開いて、メンバー参画型の運営をすることが大事であるとお伝えしましたが、その会議の議題にぜひ加えていただきたいのが、職員の方々の行動管理と生産性管理です。

① 職員の行動管理

まず管理すべきは、職員の行動です。

行動といっても、今日は何時に出社してどこに行って…という漠然としたものではなく、日々の監査の中身です。

具体的にいえば、①経営者もしくはそれに準ずる方にきちんと会っているか、②滞在時間はどのくらいか、③何にどれだけ時間を費やしているか、④どんな話をしてきたか、⑤次回の日程と次回までの課題は確認できているか、です。

現在、多くの会計事務所では、顧問先からの顧問料の値下げ要求と突然の解約に困っています。皆様の事務所でも心当たりはあると思いますが、なぜ顧問料の値下げを要求されたり、突然もっと安い事務所に切り替えられてしまうのでしょうか？

それは、お客様が「今受けているサービスには、今の顧問料を払う価値がない」と考えているからです。例えば、皆様の事務所でも毎月職員の方が顧問先に訪問していますが、一体何割の方がきちんと経営者に会って、伝えるべきことを伝えているでしょうか？　多くの先生は「うちの職員はきちんと社長に会って話していると思うよ」とおっしゃると思いますが、本当にそうでしょうか？顧問先には当然行っていると思いますが、奥様や経理担当者と話をしても、肝心の社長には会えていないのではないでしょうか？

自計化を推進しているある事務所で、私がベテランの管理職に日頃の監査の様子をうかがった際は、九〇分の訪問時間のうち、七五分は未入力データの入力とチェックを行い、終了後に奥様と少し話をして帰ってくるとおっしゃっていました。これは極端な例かもしれませんが、皆様の事務所でもこれに近いケースは多いのではないでしょうか？

つまり、毎月訪問して監査をしているといっても、何の提案もなく、ただ入力代行をするだけなら、記帳代行＋簡単な相談を受けられる「低価格顧問」に切り替えたくなるのは当然のことなのではないでしょうか？

また、もし仮に職員の方が「私は社長にきちんと会っている」といったとしても、社長とどれほど話をしているのでしょうか？　最初の五～一〇分くらいは社長も相手をしてくれるものの、適当な時間になると「後は部長と話しておいて」などといわれて、ほとんど社長と話ができていないのではないでしょうか？

例えば、読者の皆様も職員に「とにかくきちんと社長に会って話さなければ駄目だ。今月からきちんと社長に会ってきなさい」と指示を出したことがあると思います。そうすると、そのときは職員の方々も社長にアポをとって訪問し、お目にかかると思います。しかしながら、その後は継続してきちんと社長に会えず、いつの間にか継続できなくなってしまっているのではないでしょうか？

皆様も経営者ですからおわかりになると思いますが、経営者というのは会うに値すると思う人物から「お目にかかってお話がしたい」といわれれば「どんな話をしに来るのかな？　まぁ、一度話を聞いてみるか」と考えて一度は会ってくれるものです。しかしながら、会ってみて大した話にならないと、「次からはもう自分が会うまでもないな」と判断し、以降は会ってくれません。そして、次からは、「ちょっと○日は忙しいので、部長にいっておくから説明しておいて」といわれてしまいます。つまり厳しい言い方をすれば「社長に会えない」ということは、会うほどの価値を提供できていないということにほかならないのです。

だからこそ、①経営者に会えているか、②滞在時間はどれくらいで、③何に時間を費やしたか、④何を話してきたか、⑤次回までの取組みと次回の訪問日程を確認しているか、が大切であり、先生がどんなに「うちのサービスはレベルが高い」といったところで、蓋を開けたら「ただの記帳代行と一緒だった」ということになりかねないのです。

そのためにぜひ取り組んでいただきたいのは、上司が毎日、「日報や帰社後の報告で把握する」ということです。くどいようですが、前記の項目がきちんとできていない場合に対策を講じていれば、顧問料の値下げ要求も少ないでしょうし、少なくとも連絡なしに解約されるはずはないのです。もし、そういった現象が多くみられる場合は、「所内の管理不足である」ということと認識して、しっかりと管理をするようにしましょう。

② 顧問先別・担当職員別生産性管理

次に管理すべきは、生産性の管理です。

図をみてください。この図は顧問料と工数の相関関係をマトリックスにしたものです。皆様の事

顧問料と作業工数マトリックス

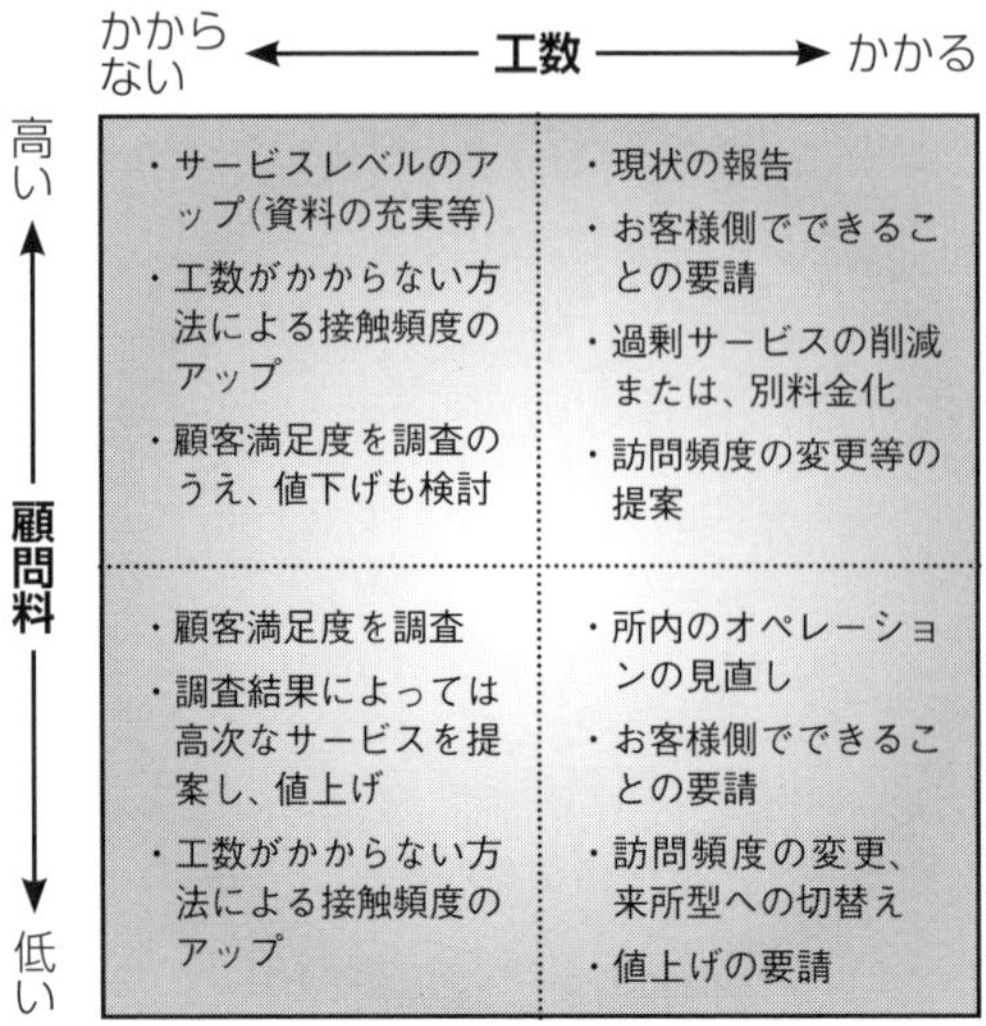

	工数 かからない	工数 かかる
顧問料 高い	・サービスレベルのアップ（資料の充実等） ・工数がかからない方法による接触頻度のアップ ・顧客満足度を調査のうえ、値下げも検討	・現状の報告 ・お客様側でできることの要請 ・過剰サービスの削減または、別料金化 ・訪問頻度の変更等の提案
顧問料 低い	・顧客満足度を調査 ・調査結果によっては高次なサービスを提案し、値上げ ・工数がかからない方法による接触頻度のアップ	・所内のオペレーションの見直し ・お客様側でできることの要請 ・訪問頻度の変更、来所型への切替え ・値上げの要請

務所でもぜひ一度調べていただきたいのですが、顧問先を顧問料と工数の二つの軸で分類すると「顧問料が高くて工数がかからない領域」「顧問料が高くて工数がかかる領域」「顧問料が安くて工数がかからない領域」「顧問料が安くて工数がかかる領域」の四つに分類できます。

このうち、「顧問料が安くて工数がかかる領域」については、事務所としての問題意識が高いので、手を打つことも多いようですが、なかなか手が打たれずに放置されているのが「顧問料が高くて工数がかかる領域」と「顧問料が高くて工数がかからない領域」です。理由はおそらく「顧問料が高いから」だと思います。私は、この二つの領域こそ、何らかの手を打たねばならないと考えています。

それはなぜか？　ということですが、まず「顧問料が高くて工数がかかる領域」の場合は、「高い顧問料をいただいている」という事実はあるかもしれませんが、時間単価を計算したら、顧問料が

安いところよりも時間単価が安く、思い切って契約を解除して、単価の安い顧問先を新たに数社入れた方が、事務所全体の効率は上がると思われるからです。ですから、「顧問料が高くて工数がかかる領域」は放置せず、条件交渉をする必要性があります。

次に問題なのが、「顧問料が高くて工数がかからない領域」です。この領域に該当する顧問先は、会計事務所にとっては「顧問料が高い割に手がかからなくてよいお客様」なので放置されていることが多いようですが、こういうお客様は、まだ会計事務所の顧問料が高かった頃に契約した古いお客様であることが多く、人間関係もあるので、会計事務所側は「まぁ、あそこは大丈夫だろう」と思っている傾向が強いようです。

しかしながら、この関係は、会計事務所側がWin—お客様側がLoseですから、長期的によい関係が続くわけではありません。お客様も昨今の会計事務所の顧問料の相場観はつかんでいますので、もしかしたら「いつ切替えを申し出ようか」とタイミングを計っているかもしれません。ですから、こういう顧問先には、お客様から値下げや解約を申し出られる前に、こちらから顧問料に見合ったサービスへ質を上げるか、顧問料を下げる申し出をする必要があります。

これは人間の性といいますか本能なのかもしれませんが、多くの会計事務所の方々と関わらせていただき常々思うのは、「新規の獲得には熱心なのに、顧問先の解約防止には無頓着という方が多い」ということです。

前述のように「顧問料が高くて工数のかからない会社」からの解約を阻止できたら、それだけで低価格の新規客数件分の売上・利益に相当するため、件数も増えない分、担当者のへの負荷も下がります。そういう意味では「生産性の高いお客様の解約対策」にはもっと力を入れられた方がよいように思います。

以上、会計事務所のサービスは人が提供するサービスです。言い方を変えれば、人が時間を切り売りするサービスということもできますので、時間当たりの効率を最大化することを常に意識する必要があります。

5 生産性を高めない会計事務所に未来はない

そして、最後にお伝えしたいのが、「顧問料÷時間単価」で計算した「人時生産性」を指標にした管理です。

人時生産性とは、「職員一人ひとりが、時間当たりいくら稼ぎ出しているのかを管理する」ということです。

そのためには、誰がどこの顧問先にどれだけ時間を費やしているのか、その結果、個人別に月間何時間働いていくらの売上を上げているのかを算出する必要があります。

会計事務所業界では、この個人別売上すら算出していない事務所もまだまだ多いですから、前記の人時生産性の算出を実践するには、下準備から始めなければならず、少しばかりハードルが高いかもしれません。しかしながら、個人別にしっかりと把握をしていきませんと、いつも忙しそうに仕事をしている人が優秀にみえて、効率よく仕事をして早く帰宅している人はかえって「やる気がない人」のような誤った判断をしてしまうことがあるのです。

ですから、事務所の効率化を進めるためには、必ず押さえていただきたい指標の一つです。

総務省統計局が五年に一度調査している「平成28年経済センサス活動調査」によれば、事務所規模が小さな事務所ほど職員一人当たりの売上高は少なく、事務所規模が大きいほど職員一人当たりの売上高は大きいという傾向があります。ここでは、業界の平均を約九〇〇万円と仮定して話を進めます。

仮に労働分配率（人件費÷付加価値高×一〇〇）を五〇％とし、生産性を九〇〇万円と仮定すると、一人当たりの人件費に充てられるのは四五〇万円となります。

これに法定福利費を考慮し、一・二で割り戻してみますと、労働分配率五〇％の場合、手取りは三七五万円となります。参考までに東京都の大卒の初任給が約二三万円／月ですので、これに賞与を含めて年間一五か月換算しますと、年収は三四

五万円となります。

一〇年ほど前よりは会計事務所の生産性は上がってきましたが、人件費が高騰している昨今ではまだまだ業界の生産性は低いといわざるを得ないでしょう。

従業員一人当たり売上金額

従業員規模	税理士事務所 従業員一人当たり売上金額
1～4人	796万円
5～9人	807万円
10～19人	940万円
20～29人	894万円
30～49人	1,186万円
50～99人	1,128万円

（出所：平成28年経済センサス調査データを弊社にて加工）

よく、所長先生が、「求人を出してもよい人材が来ない」とおっしゃいますが、前記のような年収では、優秀な人が集まるはずはありませんし、集まったとしてもその報酬では高いパフォーマンスを発揮する気にもならないでしょう。実際、その水準の金額でしたら他業界の方がよほど魅力的です。

ですから、所長先生はもちろんですが、職員の方々も「自分たちの給料を上げるためには生産性を高めるしかない」ことをもっとしっかりと認識すべきであると思います。そして、そのためにどのように生産効率を上げたらよいか、改善できる方法はないか、ＩＴに置き換えることやアウトソーシングできる業務があるならば置き換えてみてはどうかなど、さまざまな視点で多面的に考えない限り、会計事務所業界に明るい展望はないと思いますし、少なくともそう考えない事務所はという汰される運命にあるのではないかと思うのです。ぜひ、所内で考えていただきたいものです。

【第四章まとめ】……この章のポイント

▼組織拡大の基本的な考え方は、組織が拡大する過程の中で、あらかじめ将来の組織設計を行いながら、部署の活動の柱となるテーマ・分野を設定し、特徴を持った部署をつくること。

▼そのための意識改革は二つある。

①「所長が頑張る」のではなく、「みんなが頑張る」体制をつくること。

・部署目標を与え、部署ごとに計画立案と実行管理を行う。

・職員の行動管理、生産性管理、人時生産性管理を行う。

② 業務を切り分けて、必要能力に応じて分業化すること。

【第五章の概説】……次の章に進むにあたって

第五章では、実際に売上を上げるためのマーケティング手法、売上を上げるために押さえておきたい前提条件、そして受注をサポートする営業ツール等についてお伝えします。

第四章までは、いわば材料に当たる部分を考えてきました。今度はその材料をよりよくみせるための方法について考えていきます。料理に例えれば、盛り付けに当たる部分です。どんなによい材料でも、提供する相手を考えなかったり、見せ方が悪かったりすれば、受け入れられないのと同じように、会計事務所の営業においても顧客獲得に向けて商品をよりよくみせるための仕組みを構築することが大切です。さまざまな手法がありますので、皆様の状況を踏まえながら、効果的な方法を考えてみてください。

第5章

売れる仕組みをつくる

1 立地の選定

それでは、ここからいよいよ顧客との接点づくりについてお話しさせていただきます。経済学者のP・F・ドラッカーも著書の中で「企業の目的の定義は一つしかない。それは顧客を創造することだ」といっておりますが、やはり事務所経営で最も大事なことは「顧客獲得」といえるでしょう。

「顧客との接点づくり」という観点で最初に考えていただきたいのは、「事務所の立地をどうするか」ということです。一般的に、会計事務所というのは、「お客様に来ていただく」というよりも「自分たちがお客様に出向く」という場合が多いため、サービス業でありながら「立地」という認識は薄いようです。

しかしながら、これから説明させていただく「立地」はすべての商売の基本で、立地を間違えればどんなすばらしい商品を持っていても、どんなビジネスモデルであっても成功することはありません。また、一度立地を決めてしまうと、途中で変更するのは容易ではありませんので、立地選定は慎重に行いたいものです。

唐突ですが、皆様の家の近くで、どんなお店が入っても、頻繁にテナントが入れ替わり、何をやっても駄目な場所ってありませんか？　私の自宅の近くにも、実家の近くにもそういったテナントはいくつもありますので、皆様の家の近くにも必ずあるはずです。では、なぜそのお店は繁盛しないのでしょうか？　それはただひとこと、「立地が悪いから」にほかなりません。

　一つは、モノがよくないとか、おいしくないとか、値段が高い、といった質の問題、もう一つは立地環境との相性の問題です。例えば、所得が高く、舌の肥えている方が多い住宅地域で「味より価格重視のレストラン」を出店すれば、「あそこは安いけれどおいしくないよね」という評価になるでしょうが、私たちが住むような普通の住宅地域で高級レストランを開けば「あそこはおいしいけれど、とてもうちでは行けないよね」という評価になって繁盛しないでしょう。つまりは、評価は立地で決まる、ということなのです。

　では、立地とは、どういう視点で捉えるべきでしょうか？　大きく分けて、

1　商圏特性
2　利便性
3　広告効果

の三つの視点で捉えることができます。

　では、この三つの切り口で「立地」を考えてみましょう。

立地選定時に考慮すべき視点

商圏特性	・ターゲットとなる顧客がいるか（年代・所得・ライフスタイルなど） ・地域の特性（行政区域、商業区域、居住地域等） ・近隣の都市との力関係による顧客の流出・流入の有無
利便性	・ターミナル駅からの距離 ・幹線道路（国道・県道等）からの距離 ・信号の手前か先か ・近くに人の集まる施設や建物はあるか ・中央分離帯や大きな通りで分断されていないか
広告効果	・店舗前通行量が多いか少ないか ・表通りか裏通りか ・目立つか目立たないか（ビルの高層階・大きなビルの陰） ・看板やウインドウサインを出せるかどうか

① 商圏特性

◉ 商品（サービス）と商圏の適合性

まず考えるべきは、商品（サービス）と商圏の適合性です。

例えばスタートアップ企業を狙おうと「創業支援」に関するウェブサイトを開設し、広告をしたとします。しかしながら、事務所の立地が都心のベッドタウンのような街であれば、いくら駅前という好立地に事務所を構えても「創業支援」を依頼する企業は多くはないでしょう。同じく、自分が資産税が得意だからと「相続税申告」を中心に顧客獲得を行おうと思っても、事務所のあるエリアに申告の対象となる所得層が多くなければ、あるいは高齢者居住割合が低ければ、相続税申告の発生頻度は低いでしょう。

このように、誰に何を提供するかを明確にして、提供するサービスと商圏の適合性を考えることが大事です。

◉ 商圏中心部からの距離と吸引力

次に考慮すべきことは、商圏中心部からの距離と吸引力です。

商圏の特性上、中心部から離れれば離れるほど、商圏内から人を呼ぶ力は落ちます。特に、県庁所在地や商業性の強い中核都市周辺で、事務所が郊外にある場合、お客様は集まりにくくなります。

図は、私の支援先で実際にあった事例なのですが、その事務所は中核都市から郊外寄りに一駅目の駅前にありました。ミクロにみれば駅前という好立地なのですが、中核都市から一駅離れているため、商圏内でどんなにウェブ広告を打っても、事務所のさらに郊外のお客様しか呼ぶことができず、広告費用に大きなロスが出ていました。

そこで、所長先生と相談し、家賃こそ倍になりましたが、中核都市の駅前から徒歩三分という好

商圏と実質商圏の違い

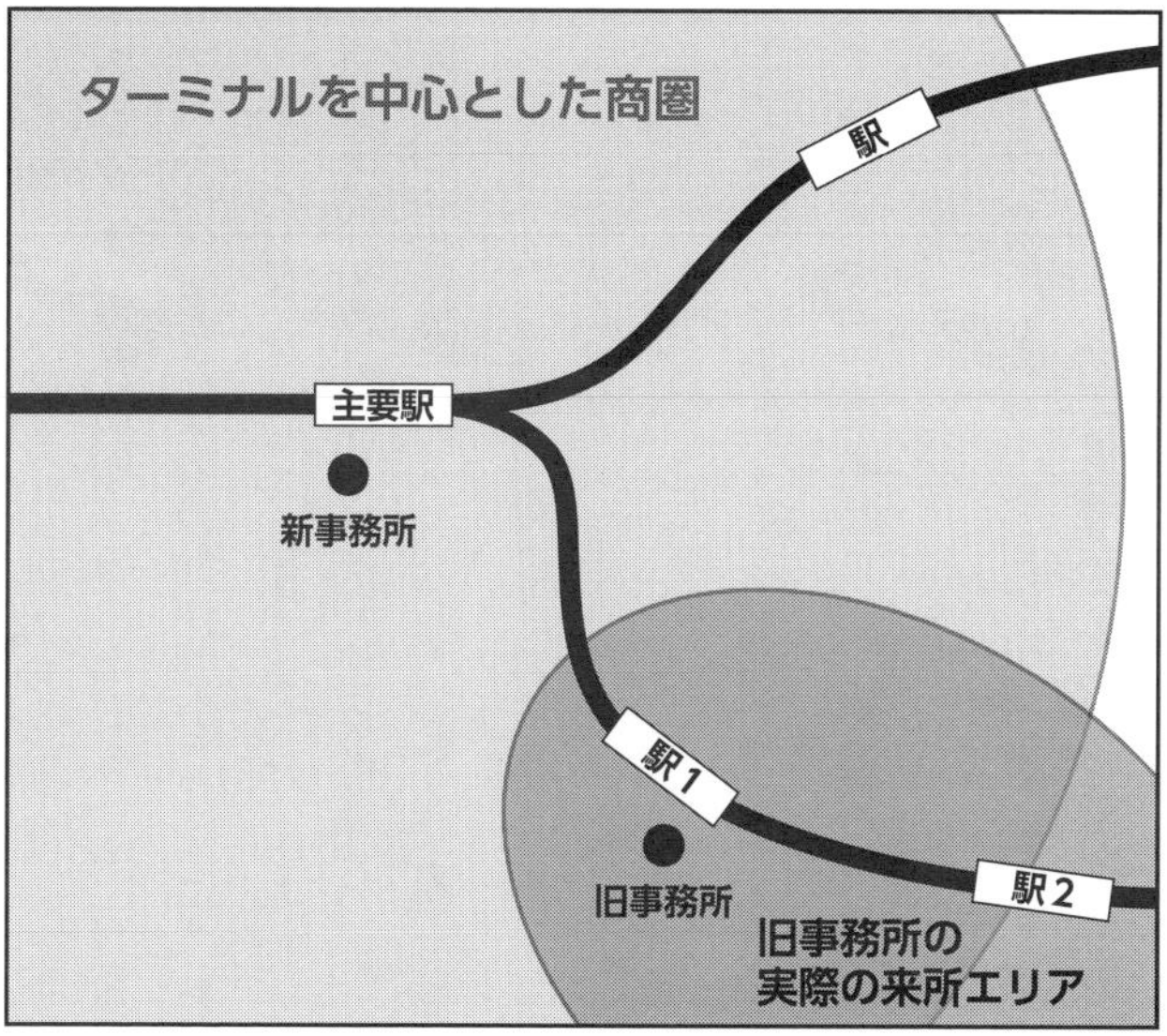

立地のやや広めの事務所に移転をしました。もちろん表通りにも面し、看板の視認性も高い場所を選びました。その結果、ウェブサイトからの問い合わせと受注が大幅に改善されたばかりか、近隣の不動産販売会社との提携話も舞い込み、そこの営業マンとの関係も密になり、今ではとても順調に相続案件を獲得しています。

このように、ミクロにみれば好立地でも、マクロにみれば商圏中心部の顧客が吸引されて、お客様が流れてこないということもありますので、立地選定の際は商圏中心部との位置関係も考慮しなければなりません。

② 利便性

次に考慮すべきは、事務所へのアクセスに代表される利便性です。これは文字どおり、ターミナル駅や国道・県道からの距離や、大型商業施設等、集客力のある施設等のそばで、お客様が事務所にお越しになる際にわかりやすく便利なところを意味します。

前述のように、多くの会計事務所では、自分たちがお客様のところへ訪問することが多いため、あまりアクセスは考えない傾向が強いようです。特に地方都市の場合は、車で移動するため、多少便が悪くても地代や家賃の安さ、広さ等を優先し、利便性は後回しにされていることが多いようです。

しかしながら、ウェブサイトで集客し、無料相談を行って受注につなげるといった「反響型による顧客獲得」が増えてきた昨今では、アクセスの悪さは反響数や受注数に直結します。特に電車や徒歩で移動するような地域では、もし駅前に同じサービスを提供する会計事務所があったなら、よほどのことがない限り、駅前の事務所を選ぶことでしょう。また、車で移動する地域の場合、事務所の場所が信号の手前か先か、道路が渋滞するかしないか、駐車場が入りやすいかどうかも重要な要素ですので考慮してください。

このように、今後、ウェブサイトから顧客を事務所に誘導し、事務所で面談するケースもますます増えてきますので、事務所移転の際には利便性も必ず考えるようにしましょう。

③ 広告効果

そして、忘れてはならないのが、事務所の広告効果です。

以前、移転を考えている所長先生から、これまでの経験の中で、「県道から一本入るけれど、坪単価も安くて広い事務所があるのですが、先生、問題ないですよね?」という相談を受けたことがあります。その際、先生の気持ちは十分にわかるのですが、私は迷わず、「先生、若干高くても絶対に表通りにしてください」と言い切りました。なぜなら、事務所前の店舗前通行量が多いということは最高の広告効果だからです。

「そんなことといっても、目立つからって飛び込みで来るわけではないでしょう?」という方も多いと思いますが、そんなことはありません。「飛び込み客」もありますし、それ以上に多いのが、「ウェブサイトで検索して、いつも目の前を通って場所と事務所を知っているから来る」というパターンです。皆様も検索したときに、場所も名前も知らないお店と、場所も名前も知っているお店があったら、知っているお店を選びますよね。

ここで、写真をみてください。

ファーストアカウンティング江原会計様の事務所外観

この写真は、栃木県足利市のファーストアカウンティング江原会計様の写真です。向こうにロードサイドのお店の看板が小さくみえるのでおわかりかもしれませんが、場所は市内で最も交通量の多い国道に面し、地元で知らない人はいない大型ショッピングセンターの目の前で、しかも事務所は元コンビニエンスストアを改装したものです。縦に伸びたポールサインと、右下にみえる「相続」の看板が立っていますから、目立たないはずがありません。

以前、改装中に江原先生と私で「相続」の看板の前で立ち話をしていたら、いきなり車から初老の紳士が降りてきて、「先生、相続税はいつから上がるのですか?」と尋ねられたことがありましたし、実際に事務所をオープンされてから、飛び込みのお客様も複数名受注されました。

ですから、事務所を移転・開設される際は、店舗前通行量が多いか少ないか、袖看板・立て看板・

ウインドウ看板を出せるか出せないかを確認するようにしましょう。例えば店舗前通行量が多くても、事務所がビルの高層階等の場合、面した道路の幅員が狭いと対面からみえなかったりもしますので、不動産屋さんの言葉をうのみにせず、必ず現地に行って周囲を歩き、確認することが必要です。

④ リクルーティング

最後に、もう一つ考慮したいのが「リクルーティング」です。

ときどき、駅からとても遠かったり、にぎわいのない場所に立地する事務所の先生から「募集広告を出しても全然反響がなくて、いい人材が来ないんだよね」という相談を受けることがあります。

こういった場合、多くの先生は掲載した給料や休みの多さとか、待遇面が悪いから人が集まらないと考えるようですが、一般的に就職先・転職先を何ら

かの媒体で探す場合、通常「地名 or 駅名」+「業種・職種」で探すのがほとんどですので、事務所の立地が悪いと、いくら事務所の雰囲気や条件が良くても候補に挙がってこないことも予想されます。

また、事務所の周辺環境によっては、集まる人も違ってきますので注意しましょう。例えば、都心か地方都市かでも異なりますが、駅前の好立地の場合、男女を問わず、若い職員の方の応募は多くなります。逆に住宅地にある事務所の場合は、主婦のパートの方の採用などは集まりやすいようです。

ですから、事務所がどんな人材を中心に展開するかによっても立地は考慮したいものです。

以上、顧客接点の最重要項目として立地選定に関してご説明させていただきました。最近事務所を構えたという方や、さまざまな事情で移転が難しい方は別として、これから移転をしたい、支店を出したいという方は、ぜひ立地選定の判断材料としてください。

2 顧客を獲得できる仕組みをつくる

顧客獲得の最大要因となる「立地」を考慮に入れたら、次は顧客獲得の仕組みを所内に構築していきましょう。

① 所長が頑張って営業してはいけないわけ

第四章でも「所長が頑張る組織」から「みんなが頑張る組織」をつくりましょう、と述べましたが、一億円突破の事務所になるためには、「所長の営業力に頼らない受注体制づくり」は必須です。なぜならば、所長先生が頑張って受注をすればするほど、職員の稼ぐ意欲がうせるからです。

ご経験の方も多いと思いますが、事務所を開設してしばらくは仕事も少ないですし、時間もありますから、所長の最大の仕事は受注活動です。そのため、とにかく受注に奔走し、何とか仕事をいただいていきます。すると、次第に職員の方々の間に「受注は先生の仕事、処理をするのが私たちの仕事」という意識が芽生えるようになります。また、求めていないのに仕事が下りてくる環境に対して、「また所長が受注してきたよ。いい迷惑だよ」くらいの雰囲気になってきて、やがては職員が抵抗勢力化する可能性すらあります。

また、所長先生が、売上を伸ばすために協力先との関係強化や、紹介いただいたお客様の対応、セミナー開催回数、各種団体へのフォローなどに時間を費やせば費やすほど、マネジメントに手が回らず、今度は内部がガタガタになっていきます。

というのも、所長が営業をして受注するということは、お客様は「所長の顔」を信じて仕事をくださるわけですから、所長以外の担当者に任せれば「先生もお忙しいようで、うちみたいな小さな会社にはなかなか顔を出していただけませんね」という嫌みの一つもいわれたり、何かトラブルがあった場合は、即クレームとなり、顧問先の解約に発展します。そして解約は職員のモチベーションを下げますので、職員の離職も増えます。

解約が増えると売上が下がって所長は不安になりますので、再び新規獲得に奔走し、さらに内部に手が回らなくなります。職員は新規顧客との関係構築にエネルギーを費やす一方で、同時に、退職者の補充で採用した職員の教育にも時間が取られますので、職員の方々はさらに消耗していくのです。

ですから、一億円突破の事務所をつくるためには、所長先生が頑張らなくても職員主導で顧客を拡大できる仕組みづくりを早期に実現し、体制を立て直さないことには、組織が疲弊して事務所を拡大することができないのです。

② "普通の人"でも稼げる仕組みをつくる

次に考えるべきは、普通の職員でも稼げる仕組みをつくる、言い方を変えれば、職員の能力に頼らない営業の仕組みをつくるということです。

拙書『税理士のためのマーケティングマニュアル』(第一法規、二〇〇八年)にも書きましたが、顧客獲得のための営業プロセスは、①見込客開拓、

②アポイントの取得、③面談、④提案、⑤クロージング、⑥契約、⑦顧客フォロー、の七つのステップに分かれます。さらにこの七つのステップは、目の前に見込客を連れてくる活動＝マーケティング活動（①〜②）と、目の前の顧客から受注する活動＝セールス活動（③〜⑥）に分解できます。

　このように、営業活動というのは、この①〜⑦のすべての能力を必要とする極めて難易度の高い業務なのです。しかしながら、独立開業した多くの先生は、この①〜⑦のすべてを一人でこなしてしまう超スーパーマンであるがゆえに、職員がそれをできないということが理解できません。むしろ、「できないのはやる気がないからだ」と考えてしまう傾向すらあります。

顧客獲得のための営業プロセス

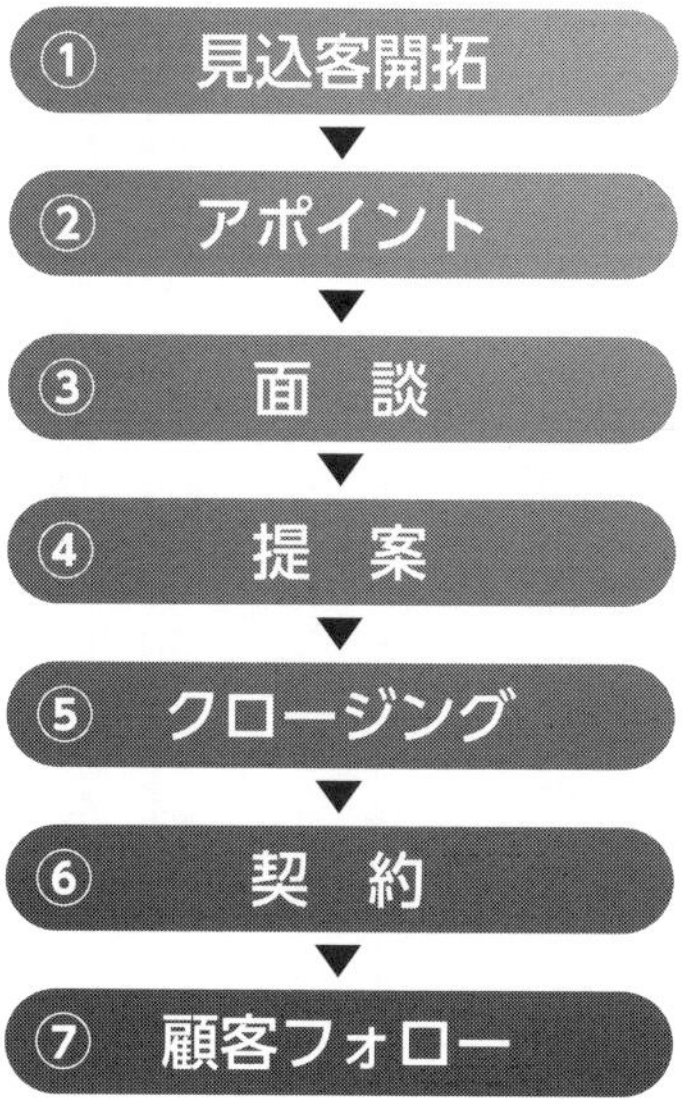

　私はよく所長先生をプロ野球選手に例えるのですが、「先生がプロ野球選手レベルであることを忘れて、職員の方々に同じレベルを求めないでください。なぜならば、彼らはプロ野球選手を目指してもいませんし、なれるとも思っていません。〝ただ野球が好きな普通の人〟であるということを忘れないでください」といっています。

　ですから、まず理解いただきたいのは、この①〜⑦のすべての活動を職員の方々に期待するのは無理ですので、まずは①〜③のマーケティング活動と、④〜⑥のセールス活動の二つに分解し、それぞれを仕組み化するという発想に切り替えてください。

③ 職員主導で受注できる仕組みづくりの手順とは

では、具体的にどんな順番で着手すればよいのでしょうか？　まずマーケティングについて解説したいと思います。

図は、会計事務所で一般的に行っている基本的なマーケティング手法をチャート形式にまとめたものですが、これをご覧いただいてもわかるように、マーケティング手法は大きく自力開拓と紹介に分けることができます。さらに細かくみると、その先ではダイレクトマーケティングとチャネル開拓に分かれます。

ダイレクトマーケティングとは、ウェブサイト、DM、SNS、YouTube等の動画、広告掲載、看板、パンフレットの配布等、顧客に直接アプローチする手法を指し、チャネル開拓とは、金融機関や保険会社、業界団体に代表されるように、対象とな

会計事務所の顧客獲得法

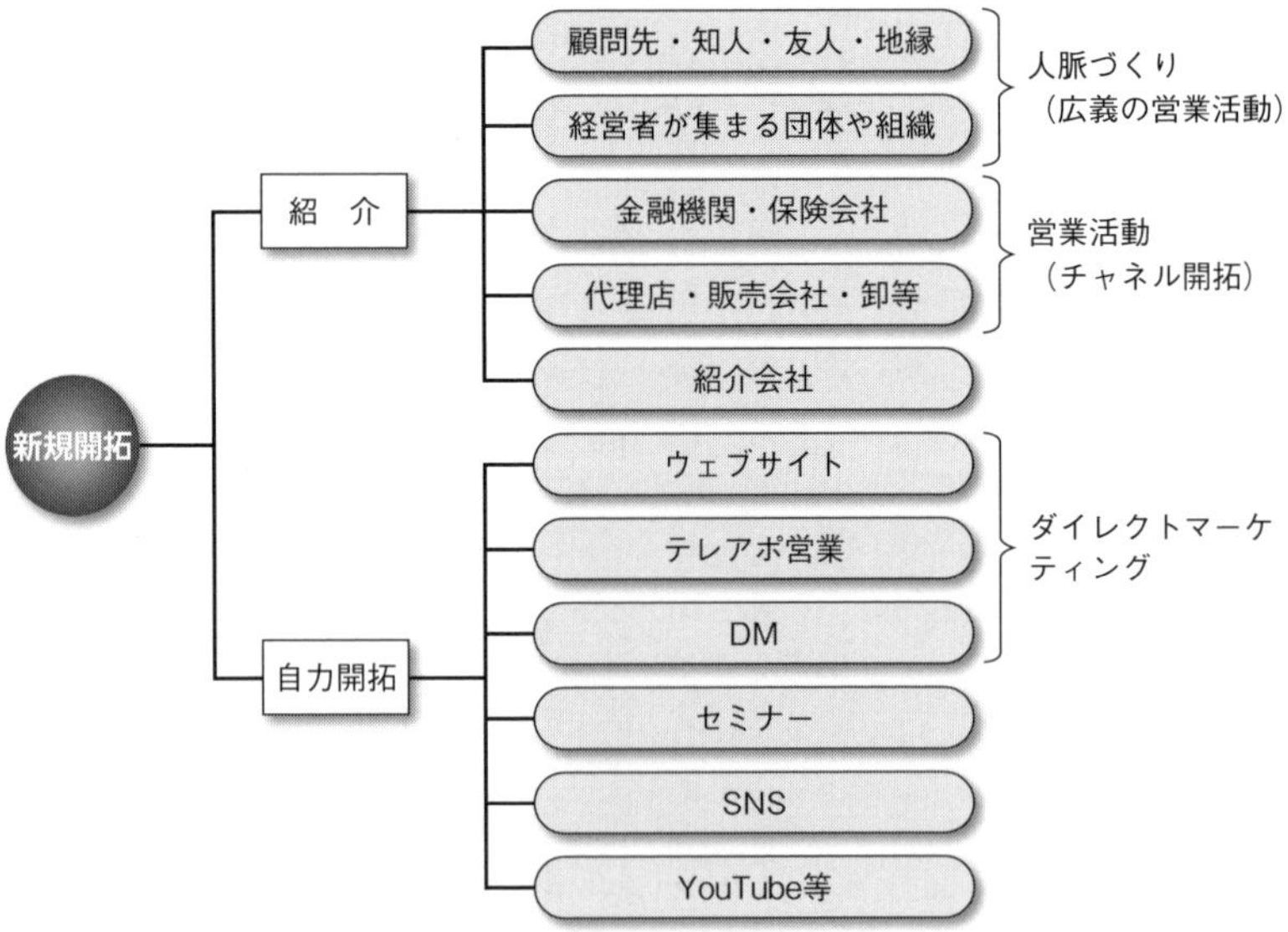

マーケテイング手法別メリット・デメリット

マーケティングの種類	メリット	デメリット
ダイレクトマーケティング	•やろうと思えばすぐできる •費用対効果の測定がしやすい •問い合わせに対する提案なので受注確率が高い	•企画力、DM作成力が必要 •ウェブサイト作成、DM作成等、ややコストがかかる •後発の新規参入が容易
チャネル開拓	•基本的に“紹介”なので、案件が発生すれば受注率が高い •案件が発生する仕組みをつくれば、安定的に受注できる •後発が参入しにくい	•開拓のための営業活動を必要とする •関係構築のために時間が取られる •他力を借りる活動のため、コントロールしにくい
セミナー	•必要性に気づいていないお客様を啓発して、需要を喚起することができる •講師という立場で、権威性を得やすく、主導権を持って営業展開が可能となる	•企画力、DM作成力が必要 •講演する力が必要 •運営スタッフが必要 •会場費などに費用がかかる
YouTube等	•機材さえあればすぐにでも始められる •ダイレクトに対象顧客にメッセージを伝えられるので、効果も高い	•コンテンツの企画力が必要 •話す力が必要 •内部に人材がいない場合、編集作業なども必要 •効果が出るまでやや時間が掛かる

る顧客層を抱える団体や機関を介して、案件を紹介してもらうことを指します。

また、前記二つとあえて区分して、セミナー営業や紹介という手法もあります。セミナーは文字どおり、対象となる顧客が関心を持つセミナーを開催し、会場に見込客を集め、その後の営業活動につなげることです。紹介も文字どおり、既に関係のある誰かから、新たなお客様を紹介してもらうことを指します。

実際にはこれらを複合的に組み合わせながら、事務所拡大に向けて活動を進めるわけですが、ただやみくもに行えばよいというものではなく、着手するには基本となる順番があります。それは、ダイレクトマーケティング➡チャネル開拓➡セミナーの順であり、紹介は随時行うということになります。

では、なぜその順番になるかについて簡単に解説いたします。

表に記載のとおり、最初にダイレクトマーケティングに着手する理由は、比較的すぐ始められ、短期に効果が出て、人手がかからないからです。表の中には「企画力、ＤＭ作成力が必要」であったり、「ウェブサイト作成、ＤＭ作成等、ややコストがかかる」と書いてありますが、裏を返せば、金額的に可能であれば、内部でやらなくても外注して立ち上げることも可能ですので、「やる」と決めてからほんの数か月で、仕組みとして動かすことが可能です。

また、基本的に、問い合わせをいただいてから受注する「反響型営業」ですので、受注率も高いですし、受注を補完する営業ツールを整備すれば、早期に職員の方々を巻き込んだ受注体制を構築することが可能です。そういう意味で、ダイレクトマーケティングは取り組みやすい手法であるといえるでしょう。

次に着手すべきはチャネル開拓です。その理由は、チャネル開拓先をみつけて、提携関係を結ぶまでは大変ですが、立ち上がった後は、担当職員をつけてしっかりフォローを行えば、ダイレクトマーケティング同様に、職員主導で受注活動ができるからです。

しかも、チャネル開拓は、あまり小規模な事務所では、提携先からみてもメリットが少ないので「誰でもできる」というものではありませんし、有力な提携先は地域で数が限られていますので、早期に有力な関係先を構築し、その関係をしっかりと継続させることができれば、後から他の事務所が参入しようと思っても、参入することができず、大変有利になります。

そして最後はセミナーです。これが最後なのは、運営に人手と時間とお金がかかるからです。具体的には、セミナーの企画、講師の手配、ＤＭの作成・発送、会場の準備、当日の運営などです。ですから、これも職員数五人未満の事務所は難しいかもしれませんので、優先順位としては最後になります。

しかしながら、一度経験して流れをつかんでしまえば、五人未満の規模でも開催は可能ですし、「税理士」という先生稼業の方には最適な手法ですので、やがては自社セミナーを開催することも視野に入れながら活動していきましょう。

それでは、これらの方法について次項で個別に解説したいと思います。

3 各種マーケティングの進め方

それでは、代表的な個別のマーケティング手法について具体的にみていきましょう。

① ダイレクトマーケティング

◉ ウェブサイト

ダイレクトマーケティングにおいて最も簡単で取り組みやすいのは、ウェブサイトによる顧客獲得です。その理由は、企画がしっかりしていれば、比較的成果を得やすいですし、費用対効果も他の手法と比べれば高いからです。

新たにウェブサイトを立ち上げる場合、しっかりとした事務所案内型のウェブサイトを作成するという方法と、特定のテーマや分野、業種に特化したウェブサイトを作成する方法がありますが、「特化型ウェブサイト」の方が反響は得やすく、また「みんなが頑張る組織づくり」という観点で考えた場合も、特化型の方が趣旨も合致していますので、部署別に特化型ウェブサイトを立ち上げることをお勧めします。

ただし、特化型ウェブサイトを立ち上げる際は、できるだけ事務所の特徴を生かしたオリジナリティのあるものにしましょう。ほかと大差なく、既に同様のものが乱立している状態では、体力勝負の消耗戦となりますので続けること自体が難しくなるでしょう。

そして、ウェブサイトが立ち上がりましたら、Yahoo!広告やGoogle広告といった「検索連動広告」に掲載することや、ＳＥＯ対策を施して上位表示させましょう。事務所によっては「検索連動型広告やＳＥＯ対策はお金がかかる」という理由で敬遠される方がいらっしゃいますが、ある程度費用をかけて対策を施さないと上位表示されることは困難ですので、ウェブサイトを立ち上げる際に、しっかりと広告予算は確保しましょう。

ただ、最近はＳＮＳやメルマガ、ブログ、YouTubeとウェブサイトを連携させながら訴求する手法が主流となりつつありますので、上手に連携させればあまり広告費をかけなくても効果を出せるようにもなりましたので、ぜひいろいろ工夫してみてください。

さらにウェブサイトから問い合わせがあったときに備えて、電話対応の練習、面談の練習を職員の方々を中心に行いましょう。また、併せて営業ツールの整備も行い、全員で受注確率を上げる努力をしましょう。

ウェブサイトの受注は、検索数⬇問い合わせ数⬇面談数⬇契約数で決まりますので、どんなにお金をかけて検索数と問い合わせ数を増やしても、電話対応と面談で機会を損失していたのでは何もなりません。必ず全員で練習をするようにしましょう。

そして、最も大切なことはウェブサイトの運営と管理は所長ではなく、職員の方々に任せることです。よく、「自分がウェブマーケティングが好きだから」という理由で、所長自身がページを改善したり、コンサルタントやウェブ制作会社との打ち合わせを行うケースがあり、そこに所長が同席することは構いませんが、あくまでも「みんなが頑張る組織」となるための仕組みづくりで行っていることを忘れずに、上手に任せるようにしていきましょう。

◉ ＤＭ

二つ目は、「ＤＭ」です。ＤＭもウェブサイト同様、ＤＭをみて興味を持った方から問い合わせをいただき、受注につなげるための方法ですが、その違いは、ウェブサイトがお客様自らの意思で検索して閲覧という、いわばニーズが顕在化している方を対象としているのに対して、ＤＭはお客様のニーズが顕在化していなくても、それを掘り起こすことができる点で大きく異なります。

流れとしては、企画の検討⬇名簿の準備⬇ＤＭ作成⬇問い合わせ⬇面談となります。

当たる企画を考え、ＤＭを作成し、反響を得るのは決して簡単ではありませんが、何度か行って成功パターンができてしまえば、それを定期的に繰り返すというルーティン作業になりますので、慣れてしまえば、仕組みとして運用することは難しいことではありません。

◉ ＳＮＳ

最近はＳＮＳ（FacebookやＸ（旧Twitter）やInstagramを活用した訴求が盛んで、しかも効果が上がっているようです。特に三〇代～四〇代前半の若手税理士の方々は、ＳＮＳで発信↓ＤＭ（ダイレクトメッセージ）を送って接触↓その後のコラボレーションで事業を拡大する、という方法がとられています。

また、前述のセミナーの告知もFacebookやＸ（旧Twitter）で行い、集客するなども盛んに行われていますので、併せて研究してみてください。

◉ YouTube

そして最後はYouTube（動画）です。YouTubeは新規参入者が多く、登録者数や再生回数が増えるまでが大変なため、やってみようと思いながらも二の足を踏んでいる方や、始めてみたけれども大変なので、今はやめてしまった、という方も多いのではないでしょうか？

かくいう私もYouTubeでの配信を行っておりますが（会計事務所経営者チャンネル）、継続的にアップしていると登録者数も再生回数も増えてきますので、じっくりと腰を据えて行うことをお勧めします。

一般的には「広告収入目当て」のユーチューバーのイメージで「登録者数や再生回数が上がらないと効果がない」と思われている方が多いと思いますが、私のようにさほど登録者数や再生回数が多くなくても、毎月のようにYouTubeから問い合わせや仕事の依頼をいただいておりますので、登録者数や再生回数などあまり気にせず、よいコンテンツを継続的に発信し続けることをお勧めします。

② セミナーを活用した顧客獲得

そして、先ほどのＤＭにも関係するセミナーの開催です。

「みんなが頑張る組織をつくる」ために部署ごとに特定の分野・テーマ・業種を定め、専門のウェブサイトまで準備をしたら、次にぜひ実施したいのは「セミナー」です。セミナーとは、お客様に関心のあるテーマを設定し、ＤＭ・メルマガ・その他の方法で集客し、お客様との接点をつくる手法です。

流れとしては、セミナー企画の検討➡名簿の準備➡ＤＭ作成➡セミナーに集客➡相談➡提案➡受注となります。

お客様にすれば、無料もしくは数千円の投資で自分の悩みを解決できるわけですから気軽に参加できますし、初めから「内容がよかったら講師の先生に依頼しよう」という思いで参加されている方も多いので、事務所側としても確度の高い見込客を集めることができる大変効果的な手法です。

開催するためには企画の立案、ＤＭの作成、コンテンツの準備、会場の手配、事務局の用意等、各種条件を満たさなければなりませんので、小さい事務所ではなかなか難しいですが、逆にいえば、ウェブサイトと違って誰でもできるわけではないので、ある程度の規模の事務所では必ず行ってほしい手法です。

なお、コロナ禍がきっかけで、今では「オンラインセミナー orウェビナー」も一般化し、開催&運営コストも大幅に下がりましたので、まずは「オンライン」から始めてみることもお勧めします。

また、年間計画で、「今期はセミナーを○月と×月に実施。そのためにもＤＭはそれぞれ□月に発送する」と決めてしまえば、後は部署全体で粛々とこなすだけですので、「みんなが頑張る組織」には最適です。ぜひチャレンジしてみてください。

③ チャネル開拓

チャネル開拓とは、「こちらがターゲットとする顧客と重複する顧客を抱える機関や団体を介して紹介を得る」ことを目的とした顧客開拓手法です。最も一般的なのは金融機関や保険会社ですが、各業種・業界ごとに存在する卸売業者、販売代理店、システム会社や、資産税であれば葬儀社や他士業の事務所などもチャネルに当たります。

チャネル開拓は、紹介がきちんと得られるように機能するまでは大変ですが、一度案件が流れてくる仕組みができてしまえば、基本的には紹介ですので受注確率も高いですし、安定的に案件が発生しますので、とても有効な顧客開拓法です。

このチャネル開拓を継続的に運用するには、①既にあるチャネルを職員にフォローさせる、②所長がチャネルを開拓し、フォローを職員に任せる、③チャネルの開拓とフォローを最初から職員に任せる、の三つの方法がありますが、最初は①②のような職員の負担が少ない方法から始めて、次第に慣れてきたら、③のようにチャネルの開拓とフォローを職員主導で行うようにすればよいでしょう。

そして、チャネルを開拓したら、定期的に提携チャネルをフォローする仕組みをつくりましょう。先ほども「一度案件が流れてくる仕組みができてしまえば、確度の高い案件を長期・継続的に受注できる」旨をお伝えしましたが、正直申しあげますと、提携したものの、まったく案件が流れてこないという事務所も多くみられます。その理由は、案件を持っている現場の担当者との関係を構築する努力をしていないからです。

これからご紹介するのは、私が相続の件で実際にお手伝いをしたある事務所の事例です。その事

務所は「相続税を強化したい」ということで、私が地域で最も優良な顧客を抱える葬儀社との提携話をまとめ、営業マン向けの勉強会を行い、先生と現場の営業マンとの関係構築までを行いました。

ところがその後、先生が「提携した葬儀社から全然紹介がこない」と私にいうのです。そこで私は、「先生はその後きちんと葬儀社に顔を出して、営業マンに先生の顔と名前を覚えてもらっていますか？」と聞きましたら、「特に何もやっていない」というのです。

実は、私は、チャネル開拓のお手伝いをする際に、必ず先生方にこういいます。

「いいですか、先生、どんなによい団体や企業と提携をしたとしても、紹介がどんどん来るという甘い見込みを持たないでくださいね。先生と相手団体や企業のトップ会談がまとまったとしても、案件を持っているのはあくまでも個々の営業マンなのですから、先生が営業マンになったつもりで、

ことあるごとに訪問して、営業マンに顔と名前を覚えてもらわないと絶対に案件は出てきませんよ」と。

当然、前述の先生にもそのようにいっていました。にもかかわらず、その先生はまったくフォローをしなかったそうです。これでは紹介案件が出るはずはありません。ですから皆様も、「提携話はまとめてからのフォローこそが案件獲得の秘けつである」としっかりと認識をしてください。

ただ、忙しい先生がそのフォローに時間を割くのはなかなか難しいと思いますので、各チャネルごとに「お客様担当」を選任して、顔を出したり、パンフレットを補充したり、セミナー・勉強会の日程を調整するようなフォローをさせ、チャネルから案件が確実に上がってくるようにしましょう。

このように、チャネル開拓は人手がかかります。チャネル開拓の順番をダイレクトマーケティングの次にしたのは、チャネルをフォローできる人材を置ける規模になってからでないと難しいと思うからです。だからこそ、これから一億円突破を目指す事務所は、小規模事務所にはまねのできない「チャネル開拓」で差別化すべきなのです。

④ 紹介の仕組み化

そして、最後は紹介です。紹介はこれから述べる既存客からの紹介とチャネルからの紹介の二種類がありますが、チャネルからの紹介は先ほどご説明しましたので、ここでは既存客からの紹介を得る方法を解説いたします。

「既存客からの紹介の獲得」などというと、「そんなのとっくの昔からやってるよ。それで紹介が発生しないから苦労しているんじゃないか！」とお叱りを受けそうですね。実は私もつい最近までずっとそう思っていました。ところが、支援先や会員事務所を含めた繁盛事務所を調べてみて驚いたのは、さまざまな手法を駆使して伸びている事務所は、全獲得件数の約三分の一が紹介であるということです。

「えっ、だってさっきもいったけど、うちは全然増えてないよ！」と思われた方も多いでしょうが、まさにおっしゃるとおりで、増えている事務所はどんどん増えていますが、増えていない事務所はまったく増えていないのです。では、紹介が得られる事務所と得られない事務所は一体どこが違うのでしょうか？　それを整理したのが比較表です。

いかがでしょうか？　「うちは紹介なんか全然増えないよ！」とおっしゃっていた方は、「紹介が発生しない理由」が数多く当てはまっていないでしょうか？　ぜひ、職員の皆様と再確認をしてください。

紹介が発生しない事務所と発生する事務所の違い

紹介が発生しない事務所	紹介が発生する事務所
担当者が社長に毎回会っていない。	担当者が社長に毎回会っている。
担当者が社長に「紹介してください」といっていない。	担当者が社長に「紹介してください」ときちんといっている。
所長が、顧問先が減って不安になると、思いついたように「紹介キャンペーン」を行っている。	年間を通じ、職員全員が常に紹介をお願いしている。
謝礼金を渡すことを前提に、紹介をお願いしている。	「結果として」紹介をいただいた際に謝礼金を渡すことはあっても、それを前提にしていない。
紹介獲得件数の目標と現状を、事務所として管理していない。	紹介獲得件数の目標を立て、顧問先別・個人別に管理している。
紹介が発生しない理由を管理・把握していない。	紹介が発生しない理由を分析し、対策を立てている。

◉担当者が「紹介してください」といえない本当の理由

とはいうものの、実際、比較表を参考に実践すると、必ずぶつかる壁があります。それは「職員の方が『紹介してください』といえない」ということです。つまり、最初、ひと通り、いいやすい経営者にはいうのですが、その後が続かないということです。そして、その理由もわかっています。それは「断られることに対する恐れ」です。

では、なぜ「断られることに対する恐れ」が発生するのかというと、一つは「勧めている事務所と自分が提供している内容に自信がない」ということ。もう一つは「売上のために紹介をお願いしている」という後ろめたさがあるからです。

自信を持てない原因は、「うちの事務所の顧問料は高いのではないか」「他と比べて、それほど質の高いサービスを提供できていないのではないか」という思い込みと、自分自身もしっかりと対応できていないという負い目によるものです。

ですから、まずは、「当事務所で提供しているサービスはお客様に絶対に役に立つものである」という価値観を植えつけなければなりませんし、

職員の方自身の専門能力を高め、「自分はよいサービスを提供できている」という自信を持たせなければなりません。

そして、もう一つの「自分は売上のために紹介をお願いしているのではないか?」という後ろめたさも同様で、自分のやっていることに自信が持てないことに根本原因があります。

私は本書の冒頭から「あなたは誰のために、何のためにこの事業を行っているのですか?　そしてこの事業を通じて何を実現したいのですか?」と何度も繰り返し申しあげていますが、この問いに所長が明確に答えることができないことが、紹介が発生しない根本原因です。

なぜなら、所長自身が「誰のため、何のために、何を実現したいのか」を職員の方々に明確に示していれば、職員の方々はお客様に「私どもは○○という目的で地域の中小企業経営者のお役に立ちたいと考え、××のようなサポートを行っていま

す。もし、お悩みを抱える経営者がいらっしゃいましたら、ぜひご紹介いただけませんか」といえるはずだからです。

そこには事務所とサービスに対する恐れはありませんし、自分の売上のためにお願いするという後ろめたさもまったくありません。

くどいようですが、所長自身が職員の方々に、本当に自分が目指していること、実現したいことを示すことが、職員の方々やお客様の賛同を得、事務所が発展するための原動力となるのです。ぜひ、明確にしていただきたいものです。

⑤ 勉強会を活用した顧客獲得

そして最後は勉強会です。

勉強会は、セミナーと形態は似ていますが、セミナーのように単発ではなく、テーマに応じてある一定期間・継続的に開催するものですから、参加者との人間関係の構築がしやすいという性格を持っています。

セミナー以上に企画力を必要としますし、コンテンツの準備・運営も大変ではありますが、期間が長いので、勉強会を通じて税理士切替えの依頼をいただく可能性が大変高いのも事実です。

最初は顧問先を中心に集めることになるとは思いますが、その後は、異業種交流会やセミナーその他で会った方を「勉強会」に誘いましょう。

顧問契約の見込客を探すのと違って、「○月×日に勉強会があるので、お友だちと一緒にお越しになりませんか？」というだけですので、担当者の方でもストレスなく、誘導することができるでしょう。職員の方々に対しては、「今月新たに出会った人の数」と「勉強会に誘導した人数」だけ把握すればよいわけですから、管理も大変やりやすいはずです。ぜひ、職員主導で実施していただきたいものです。

このように、売上一億円突破の事務所づくりには、職員主導で顧客を獲得できる仕組みづくりが不可欠です。昨今は「ウェブマーケティングが全盛で、ともすれば「ウェブ偏重」のような傾向すらありますが、小さな事務所でもお金があればすぐできる売上アップ手法は、逆にいえば、いとも簡単に他事務所に逆転される手法です。

本書をお読みの皆様も、一見面倒臭いと思われるでしょうが、ここに紹介しました「人手と余裕がなければできないようなマーケティング手法」を継続的に行うことは、長期・継続的に優良顧客を獲得する王道ですので、ぜひじっくり取り組んでいただきたいと思います。

⑥ お客様担当・営業担当の設置

そして最後に紹介したいのが「お客様担当」と「営業担当」の設置です。

会計事務所で「営業」といいますと、テレアポをかけて「税理士でお困りではありませんか?」のように、切り替えを狙うというイメージをお持ちの方がいらっしゃるかと思いますが、正直、私はあまりそのやり方はお勧めしていません。なぜならば、税理士の仕事は「売り込んで契約を取るものではない」と思っているからです。

そこで私がお勧めしていますのが、お客様担当と営業担当の設置です。

お客様担当のイメージをお伝えしますと、お客様担当は所内で入力をしているスタッフの方の中で、やや営業的センスorコミュニケーション能力のある方に、既存のお客様のフォローアップと事務所からの告知（セミナーやイベントの案内）などをしていただくというものです。

そして、営業担当は顧問先のフォローアップや外部のセミナー、交流会などで人脈を広げ、所内の仕事や関係先へ回せる仕事があればつないでいくという仕事です。

先程、「税理士の仕事は売り込んで契約を取るものではない」と申しあげましたが、「税理士を切り替えてみませんか？」といえば、「じゃあ、いくら？　今より安くなるなら代えてやるよ」という関係になるのは自明の理で、決して長期的には良い関係にならないと思うからです。

そうではなく、お客様担当、もしくは営業担当が拾い上げたお客様の悩みを「それ、うちの事務所でもお力になれると思うのでお手伝いしましょうか？」ということでお客様に感謝されながら受注することもできますし、自事務所でできないことは「では、適した方を紹介しますね」とすれば、お客様には「〇〇会計さんに相談すれば何でも力になってくれるから助かるよ。よかったらあなたにも〇〇会計さん、紹介しようか？」とそこから紹介が発生することもあるのです。

事実、私のお客様で、この「お客様担当」と「営業担当」の仕組みを導入している事務所が複数あるのですが、そのいずれも素晴らしい成果を上げており、ある事務所は「お客様担当」と「営業担当」起点の新規獲得件数が二〇二三年一年間で一〇〇件を超える見通しです。

読者の皆様の中には「でも、お客様担当と営業担当なんて採用する余裕はないよ」とお思いの方も多いかもしれませんが、私のお手伝いしている事務所では今いるスタッフ・社員の中から「営業センスのある方を選別し、お客様担当と営業担当に転向している」ため、人件費の増額はゼロ円です。

気になる方は選別の仕方からお手伝いしますので、ぜひお気軽にご相談ください。

4 営業ツールを準備する

これまでお伝えしてきた各種マーケティング手法を使って、顧客との接点づくりができたら、今度は受注確率を高めるために大変有効な「営業ツール」を準備しましょう。

① アプローチブック

まずは営業ツールの筆頭「アプローチブック」です。

「アプローチブック」とは、お客様に自社商品（サービス）を説明し、受注するために使う営業ツールで、サービス内容、価格が記載されているのはもちろん、事務所紹介や事務所の特徴、企業理念、スタッフ紹介等を一冊にまとめ上げたものです（写真参照）。

この、アプローチブックは、お客様に渡したりするものではなく、あくまでも、接客時に説明する際に使用するものです。私の支援先様の多くは、商談用のデスクに設置し、新規のお客様と面談する場合は全員がこれを使用して説明するようにしていますし、そのための練習等も行っています。

私がアプローチブックを作成し、活用を進める理由は以下のとおりです。

1　料金が明確に記載されているので、値引かれることがほとんどない。

2　お客様の求めるサービスに応じて商品が用意されているので成約率が高い。

アプローチブック作成例

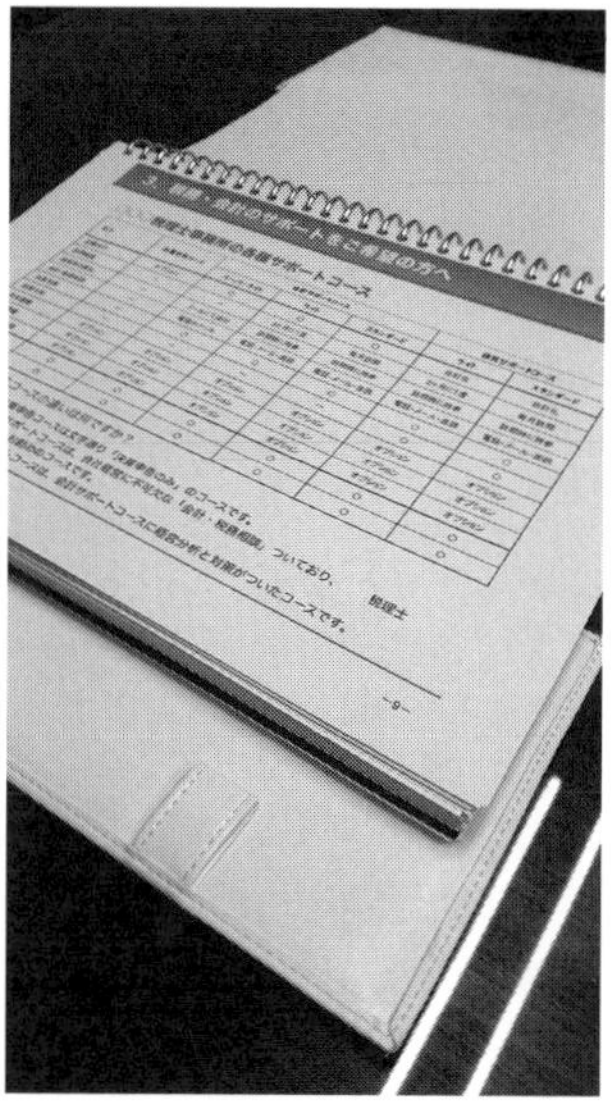

3　万一値引きを求められた場合でも、ワンランク下の商品を勧めればよいので、値引きにはならない。

4　逆に、より付加価値の高いサービスを用意すれば、高付加価値サービスも受注できる。

5　事務所理念やサービスの考え方から説明するので、価格の話になりにくい。

6　アプローチブックに基づいて説明するので、説明に漏れや抜けがなくなり、標準化できる。

7　所長・管理職以外でも商談ができるようになるので、所長・管理職が商談から解放される。

アプローチブックを作成するためには、事務所の理念・ミッション・顧客に対する考え方の整理をはじめ、提供する商品づくり、料金の体系化等の作業が必要となりますが、これらを通じて、事務所の存在意義、提供する価値、目指すべきサービス等が明確になりますので、ぜひ作成してみることをお勧めします。

② 名刺

次に整備したいのは「名刺」です。「えっ、名刺ですか？　名刺ならありますよ」という方が多いと思いますが、ここでは誰もが普通に持っている名刺を営業ツール化するという話です。

多くの場合、名刺には事務所名、役職、住所、電話番号、ＦＡＸ番号、E-mailアドレス、ウェブサイトアドレスがほぼ標準記載事項で、ここにプラスして、何かひとこと、言葉が書かれていたり、似顔絵や顔写真が入っているといった程度だと思います。皆様の名刺はいかがでしょうか。

あくまでも名刺ですので、奇をてらったことを記載する必要はないのですが、私がよくお勧めしているのは、事務所名のそばに事務所のキャッチコピーやミッション（使命）を記載するというものです。

何度も申しあげるように、会計事務所が発展するためには「何のために、誰のために、何を実現するのか？」という所長の思いが必要です。そして、その思いに人は心を動かされます。だから、名刺にその思いをひとこと入れるのです。私の場合は「業績アップを通じて関わった人すべてを幸せにする」と書いてあります。

なぜこれがよいのか？　といいますと、異業種交流会や名刺交換会、金融機関の方々との名刺交換の際に、「○○する会計事務所」と書かれていると、必ず「○○する会計事務所って、一体どんなことをしてくれるのですか？」と尋ねられるからです。第三章で、「名刺に趣味など人柄を売るようなことを書いてはいけない」と書きましたが、「○○する会計事務所って、一体どんなことをしてくれるのですか？」と尋ねられるのと、「先生の趣味って○○なんですね」と聞かれるのでは、その後の会話がまったく違うと思いませんか？

ですから、名刺には、「人柄を売る」ようなものは一切書かず、「事務所のブランドを売る」ようなものを記載しなければいけないのです。

しかしながら、「私の名刺には事務所のキャッチコピーが書いてありますけど、全然仕事になりません」とおっしゃる方もいらっしゃることと思います。では、そうおっしゃる方は「○○する会計事務所って書いてありますが、一体どんなことをしてくれるのですか？」と尋ねられたとき、何と答えていますか？　「何をっていうわけではないのですが、できるだけ経営に役立つサポートができるように、しっかりとしたアドバイスを…」というように口ごもってはいないでしょうか？

残念ながらこれでは仕事はいただけません。少なくとも、「○○する会計事務所って書いてありますが、一体どんなことをしてくれるのですか？」と尋ねられたとき、「はい、そのために私どもの事務所では…というサービスメニューを用意し、…」と即答できなければなりません。

ですから、くどいようですが、「何のために、誰のために、何を実現するのか？」が明確になっていて、「それを実現するためのサービスメニューはこうです！」と言い切れる状態になって、名刺にそれに対するキャッチコピーやミッション（使命）がしっかりと記載されている。この一貫性が事務所のブランドとなり、お客様の信頼を得るのです。

③　パンフレット

最後はパンフレットです。

パンフレットは三つ折り、二つ折り、両面一枚など形態はさまざまありますが、最も活用するのは、チャネル開拓先に営業に行くときです。

「みんなが頑張る組織」をつくるために部署ご

とに特徴を持たせた組織をつくる、という趣旨は既に十分理解いただけていると思いますが、提携先の開拓に行った際に、「私どもの部署では○○に特化した活動をしています」と口でいうよりも、「私どもの部署では○○に特化した活動をしておりまして、実際にこのようなサービスを展開しております」とパンフレットを渡した方がリアリティがありますよね。それが、事務所全体の案内のようなものでは「本当に専門にやっているのかな？」と懐疑的な印象を与えてしまいます。

提携チャネル先と本気で取り組むのであれば、部署として必ず準備したいものです。

このように、営業と受注活動に必要なツールを備えることで、受注効率を大幅にアップすることができますし、これまでは所長先生や幹部の方々でなければ難しかった営業活動が、一般職員の方々でも十分に受注できるようになり、所長先生や幹部の方々が効率よく動けるようになります。

お金をかけずともできることばかりですので、ぜひ実践してみてください。

5 来店型店舗への転換

提供するサービスを考慮した立地選定と受注に向けた営業ツールの準備ができましたら、次に考えるべきは「お客様が来店しやすい店舗づくり」です。

もしかしたら「店舗」という言い方に違和感を覚える読者の方もいらっしゃるかもしれませんが、前述のとおり、各種マーケティング手法を展開する場合、来所➡面談➡受注が基本となりますので、事務所は必然的に「店舗」としての機能を持つことになります。

おそらく、多くの会計事務所では日頃決まった方からの電話しかありませんし、来客があったとしても顧問先がたまに訪れる程度だと思いますので、「サービス業」としての認識は持ちにくかったと思います。しかしながら、これからの会計事務所は「サービス業」としての認識を持たなければやっていけなくなるでしょうし、逆に、他業界で上質なサービスを受けた経験を持つお客様にもご満足いただけるような接客ができなければ、お客様から選ばれることはないでしょう。

① 来店型店舗とは

例えば、写真左は前述のファーストアカウンティ

ファーストアカウンティング江原会計様の事務所の接客スペース

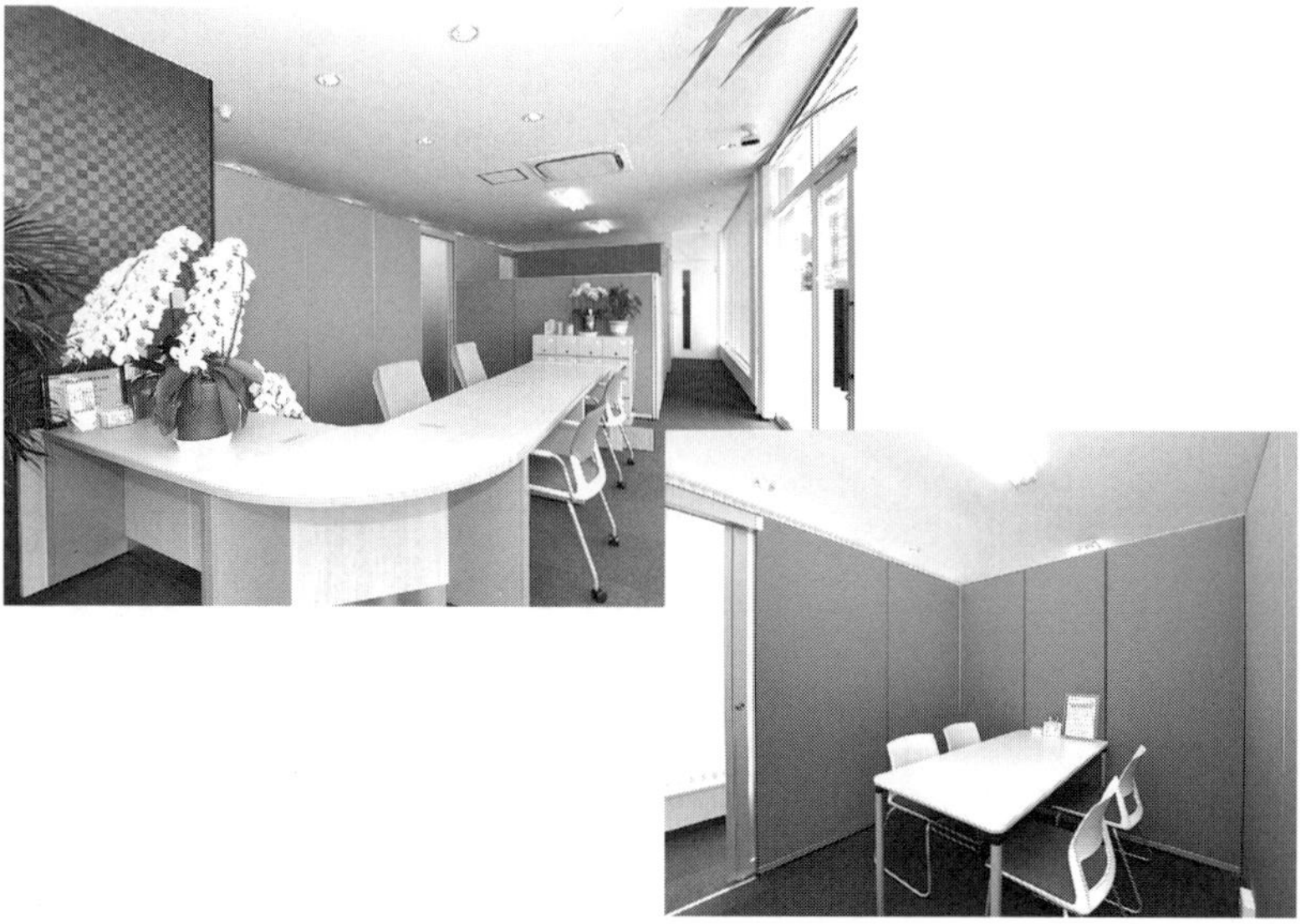

ング江原会計様のエントランスです。まるで、保険の販売店舗や不動産屋さんのようです。ここではカウンター越しで接客できるように設計されています。当然靴を脱いだりする必要はありませんので、顧問先がおみえになった際の簡単な書類の受け渡しや、飛び込みで来られたお客様の対応などもとてもスムーズです。

さらに、ご予約のあるお客様などは、写真右の明るい応接で面談を行うことで、お客様の好感度もアップし、受注確率も高まったとのことです。

このように、店舗を来店型に転換することによって、事務所を「職員の作業場」ではなく「営業拠点」と位置づけることができますし、事務所で顧客対応ができることで、職員の方々の業務効率もよくなり、生産性をアップすることができます。

また、お客様に事務所に来ていただくことで、日頃は訪問できない所長や上司が挨拶をすることで顧客満足度をアップすることができたり、若手スタッフに代わって、難しい案件は上司が対応することもでき、大変便利です。ぜひ、移転や新規開業に伴う事務所設計の際は、来店型の店舗設計を考えましょう。

② 今すぐできる店舗演出

それでは次に、既存の事務所でもできる店舗演出についてお話ししましょう。

私が支援先様や会員様に一〇〇%設置していただいているものに「ウェルカムボード」があります。

写真は、私が浜松市の税理士法人TARGA様にお伺いさせていただいた際のウェルカムボードです。玄関に置かれた左のウェルカムボードには私の名前が記入されています。こればかりは、頭で考えるだけではなく、実際に皆様が体験されないと、この感激は伝わらないかもしれませんが、

ウェルカムボードの例

お客様のお名前を記入して歓迎の意を示すと、お客様は一〇〇%感激します。

　少し考えていただければおわかりになると思いますが、お客様にとって「会計事務所」というのは大変敷居の高い場所です。約束の時間に訪問して、受付でスタッフを呼び出す際、「この時間でよかったかな?　忘れられていたらどうしよう」と不安になるものです。

　ところがドアを開けた瞬間に歓迎の意を表すボードが出され、自分の名前が記入されていたらどうでしょう?　安心しますよね。そして、それと同時に迎えてくれるその姿勢に感激し、好感度がアップしますので、その後の面談と受注がスムーズになるのはいうまでもありません。

　また、導入してから初めてわかった効果がもう一つあります。それは、「職員の方々にサービス意欲が芽生える」ということです。先ほどお伝えしましたように、会計事務所の場合、あまり不特定の方

からの電話や来客はありません。ですから、所長から「会計事務所はサービス業だ」といわれたところで、そういう自覚がないのでわからないのです。

　ところが、ウェルカムボードを出して毎日お客様の名前を書き始めると、朝礼で毎朝来客予定を確認しますので、今日の来客予定の周知につながりますし、喜んでくださるお客様の反応をみると、殺風景だったウェルカムボードに次第に季節の花の絵やイラストなどが加わり、楽しそうにお客様を迎えるようになります。やはり、お客様に喜んでいただけているということを実感することに勝る教育はありません。職員の方々の意識変革にも非常に有効です。

　このように初期投資がほとんどかからず、やる気になれば今すぐできるウェルカムボードはお勧めです。私のオフィスでも導入しておりますので、皆様もぜひ実施してみてください。

③ 面談スペースの演出

さらに「営業拠点」としての機能を高め、受注効率を高めるなら、面談をするデスク周りの準備と演出も必要です。前述の税理士法人TARGA様では①ドリンクメニュー、②松本先生の書籍、③アプローチブックを備えつけてあります。

使用方法は、お客様が来所されたら、まず①ドリンクメニューでお客様にご希望のドリンクを伺い、ドリンクを準備します。お待ちいただいている間に、②松本先生の書籍などをご覧いただき、松本先生と事務所のロイヤルティをさりげなく高めています。その後の面談ではお客様のご要望を十分に聞き、タイミングをみて「アプローチブック」を取り出し、お客様に最適な商品を提示し、受注をするという流れになっています。

このように、応接周りのツールを効果的に活用することで、商談をスムーズに行うことができますし、受注確率も高めることができます。

「これをやったら受注できる」というようなものではなく、明るい応接＋ウェルカムボード＋ドリンクメニュー＋アプローチブック、というように一つひとつの加点が合算されて事務所の総合評価が高まるものだと思いますので、スタッフの方々と相談して、加点につながる演出を心がけていただければと思います。

【第五章まとめ】……この章のポイント

▼商売が繁盛するかどうかは「立地」で決まる。不適当な立地でマーケティングに取り組む前に、好立地に移転することも、可能であれば考えよう。よい人材を採用することにもつながる。

▼受注の体制は、職員主導の仕組みをつくる。そのために、顧客獲得のための営業プロセスをマーケティング活動とセールス活動の二つに分けて考える。

▼マーケティング活動は、①ダイレクトマーケティング→②チャネル開拓→③セミナーの順で行う。

▼受注確率を高めるには、アプローチブック、名刺、パンフレット等の営業ツールのほか、来店型店舗への転換と事務所演出が効果的である。

【第六章の概説】……次の章に進むにあたって

最終章では、これからの会計事務所にとって最重要項目である「人材の育成と採用」についてお伝えします。ここまで読み進めておわかりいただけたかと思いますが、売上一億円突破の事務所をつくるということは、顧客獲得というマーケティングと、人と組織というマネジメントの両方が複雑に絡み合いながら実現されます。

人材投資は事務所の発展のためにも戦略的に行わなければなりませんから、その方法をしっかりと理解してください。

第6章

人材の採用と育成

1 ミッションの下に一体化した組織をつくる

会計事務所は〝人に何かを提供してお金をいただく〟商売ですので、売上が上がるのも上がらないのも、お客様に喜んでいただけるのか、クレームになるのか？　解約になるのか、紹介をいただけるのか？　もすべて事務所で働く職員の方々のサービス内容で決まります。

また、職員の方々がよいサービスを提供できるかどうかも、職員ご自身が「よいサービスを提供しよう」と思って働くのか、「こんなに頑張ってもこの程度のお給料じゃ、やる気出ないよね」と思って働くかでまったく成果は異なります。

つまりは、「職員がいかに気持ちよく働き、高いパフォーマンスを発揮してくれる環境を用意できるか」で事務所業績は決まるといっても過言ではありません。

そこで、本書の最終章では、よい人材の採用・教育・育成について考えたいと思います。

① 職員がイキイキ働く組織の要件とは

まずは職員の方々が気持ちよく働き、高いパフォーマンスを発揮してもらうために、「職員がイキイキ働く組織の要件」からお伝えしたいと思います。

ここまで繰り返しお伝えしてきているように、会計事務所は「人」が提供するサービス業です。ですから、処理能力として「人数」も大切ではありますが、それ以上に、「お客様のために高い専門性を身につけようとしている職員がどれだけいるか」が、サービスの品質を高める重要なファクターです。

しかしながら、多くの会計事務所においては、ようやく一人前になった職員や、優秀で将来の幹部候補だと思っていた職員ほど、ある日突然辞めてしまうなど、人材の定着・育成が難しい状況にあります。一体なぜ、そのようなことが起こるのでしょうか？ その原因の一つは「働く目的が共有されていないこと」にあります。

会計事務所の場合、ある一定割合で税理士試験合格を目指している方がいらっしゃると思いますが、試験合格を目指す方にとって、当面の目標は「税理士試験に受かること」です。ですから、失礼を承知で申しあげれば、会計事務所はあくまでも「資格に受かるまでの間の仮の住みか」にすぎません。

所長先生にすれば、試験に受かるまでにさまざまな気を使って「働かせてやっている」という感覚かもしれませんが、受験する方からすれば、「仕事をしながら勉強をしているのではなく、試験勉強をしながら働いている」という意識だと思います。ですから、どこまで仕事に身が入っているかといえば、甚だ疑問な部分もあります。

一方で、長い間、税理士試験合格を目指していたものの、途中で試験合格は諦めて、そのまま会計事務所で働いている方の場合には、夢に描いていた「税理士になる」という目標が、ある日突然消滅してしまったわけですから、「自分は何のためにここで働いているのか？」という働く目的を見失っている可能性が大変高いです。

そればかりか、だからといって辞めて他の職につくということもなかなか大変なので、このまま会計事務所で働かなければ仕方ないと、働く目的が「生活のため」にすり替わってしまっていることすら多いと思われます。

このように会計事務所では、「〇〇会計事務所」という一つ屋根の下に集まって同じ仕事をしているものの、働く目的はバラバラで、共有されているのは「税法だけ」という組織が多いのです。

さらには、職員の方々には、「自分たちには手に職があるからどこに行ってもやっていける」という過度な思い込みがありますので、極端に人材が流動化しやすい業界であるという面はあります。

これからの時代、この過度な自信がどこまで通用するかは別問題ですが、本人たちはそう思っていることは紛れもない事実です。

では一体どうしたら、今いる職員の方々に仕事に誇りを持ってもらい、高い意識で働いてもらえるようになるのか？　ということですが、私はその要因は三つあると思っています。それは①共通の目的、②明確なキャリアプラン、③適正な評価の仕組みです。

この三つを明確に示すことのできる事務所こそ、よい人材が集まり、高いパフォーマンスを発揮し、人員が定着する組織なのです。

② 働く目的を示し、共有する

まずやるべきことは、冒頭から何度も申しあげているように、「この事務所は誰のために、何のために、どんな価値を提供するのか」という事業の目的を示し、職員の方々と共有することです。

まだまだ多くの事務所はそういう話はせず、例えば、「〇年後には三億円三〇人の事務所になろう！」と売上目標だけを掲げている事務所が多いのが現実ですが、売上目標を達成したいのは所長だけです。また、「〇年後なんていったって、税理士試験に受かったら独立するのだから関係ないよ！」と職員の方々にいわれたら元も子もありません。

そこで、個人個人の思惑は違っても、「この事務所で働いている限りはこの目的のために頑張ろう！」と思える共通の目的を所長が示さねば、人心は掌握できないということなのです。

また、事務所の規模を拡大するということは、多様な価値観を持った人たちを束ねるということを意味しますので、そういう意味でも「共有の目的」を示すということは重要です。

これは私の経験則ですが、売上一億円を突破できる事務所になれるかどうかは、売上七〇〇〇万円を超えられるかどうかで決まると思っています。売上七〇〇〇万円ということは、職員七～八名規模だと思いますが、この人数までは、所長と価値観が合う人、合わせられる人だけで固めることができます。しかし、それを超えて一〇人以上になってきますと、同じ価値観の人だけで固めることは事実上困難です。なぜならば、一〇人に近づくと、必ずといってよいほど価値観の合わない職員が辞めてゆき、仕方なく新たに採用しても、また所長の考えと合わずに辞めてゆき、「何回採ってもろくな人材が来ない」と所長が嘆く、といったプロセスを繰り返すからです。

しかしながら、所長が「もしかして、これだけ人が入れ替わるということは自分の考え方が間違っていたのではないか？」と考えを改め、前述の「職員の方々にも賛同いただける共通の目的」を掲げることができるようになると、所長個人の価値観ではなく、大義名分で人を束ねることができますから、事務所の規模的拡大は再加速していきます。

ですから、「所長の我欲」から「大義名分を掲げた経営」に切り替えられるかどうかというのはとても重要なことなのです。

③ 明確なキャリアプランを示す

次に必要なことは、明確なキャリアプランです。

会計事務所では、毎年多くの職員が退職しますが、その原因の一つには、「将来に対する見通しがない」ことが挙げられます。

職員の方々の意識に、「自分たちには手に職があるからどこに行ってもやっていける」という思い込みが前提にあるとは思いますが、会計事務所に勤める方々は基本的に知的レベルが高く、自分がこのまま働き続けたらどうなるのかを常に計算してしまうので、その場しのぎで明るい未来があるようなことをいっても決して信じたりはしません。

具体的にいいますと、

- この事務所で働き続けた場合、将来自分がどうなるのか見通しが立たない
- この事務所では給料がどのように決められ、どのように上がっていくのかがわからない
- この先、どれだけ顧問先を抱えたらどれだけ給料がもらえるのか？
- 給料を増やすには顧問先の件数をこなす以外に方法はないのか？
- 管理職になったら給料が増えるのはよいが、今の件数を抱えながら、部下の決算書までチェックをし、ますます忙しくなってしまうのか？

といったことに対する答えがないと、どんなによいことをいっても信じてもらえないということです。

また、昨今の若者の基本的な思考として「キャリアプランがないこと自体が信じられない」というものがあります。どういうことかと簡単に説明しますと、「ロールプレイングゲーム」をイメージいただきたいのですが、通常、ゲームを攻略する

場合、「どうやったら最短で攻略できるのか？」を考えますよね。場合によっては事前にインターネットや攻略マニュアルで調べ、最初に〇〇に行って、次に××と対戦し、そこで勝つとレベルが一〇上がって、そしたら次は〇〇に行って…、と筋道に沿って攻略するわけです。つまり、日頃から物事は順を追って進めて行く感覚が染みついています。

そしてそれは会社や仕事でも同じです。いや、むしろゲームでも道筋があるのですから、人生を賭けた仕事においてキャリアプラン（〇年たったら年収が〇〇万円になる・課長になるには明確な基準がある・自身のスキルを身に付けるための教育カリキュラムが整備されている）がないなどということは信じられないわけです。

ですから、もし入社しても「将来のキャリアプランがない事務所である」と知った暁には、「こんな事務所にいても不安だ。よその事務所へ行こう」と移ってしまうのも当然のことと思うのです。だからこそ、会計事務所の職員方に末永く働いてもらうためには、将来の見通しがイメージできるキャリアプランをしっかりと示す必要があるのです。

では、ここまでお伝えしてきました「キャリアプラン」はどのように考えたらよいのでしょうか？　よく、ある程度の規模の事務所になると必ずといってよいほど「大谷さん、評価を作りたいのですが」という相談があります。皆様も一度や二度は考えたことがあるのではないでしょうか？ただ、そういわれた際にいつも思うのは、「皆さん、評価制度と人事制度の区別がついていないのだな」と思います。

ここで、人事制度の体系図について説明します。人事制度とは①等級制度、②賃金制度、③評価制度の三つから構成されます。先に等級制度だけ解説いたします。

人事制度の体系図

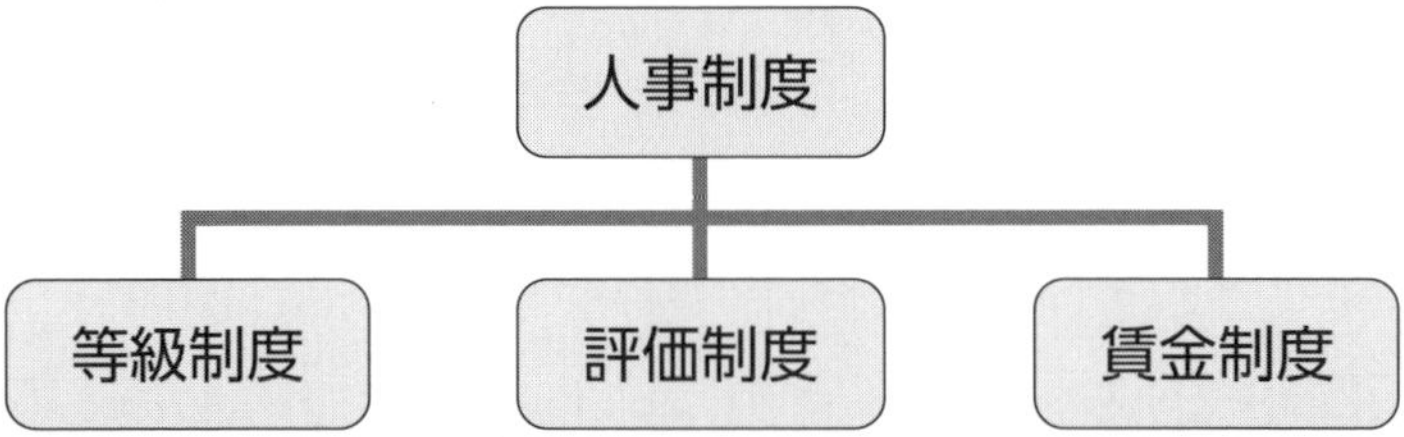

果たすべき役割とは？	個々人の働き方は？	賃金はどう決まるのか
① 社内にある役職と序列 ② 役職別果たすべき役割 ③ どうしたら昇格できるか	① 評価の基準は何か ② 誰がどのように評価するか ③ 自分はどう評価されたいのか	① 賃金はどう決まるのか ② どうなればいくらもらえるか ③ 賞与は？　退職金は？

◉ 等級制度

等級制度というのは、主任、係長、課長、部長のように役職あるいは階層を設定し、それぞれの役職・階層でどういう役割を果たすのかを決めたものです。

そして、上位の役職に上がるためには、どのようなスキルを身に付けなければならないか、そして売上や果たすべき責任はどのようなものか、それらが身に付いたら最短、何年程度で昇進・昇格できるのかを示すものです。

例えば、皆様の事務所にも「課長に任命して高い給料を払っているのに一向に管理職の仕事をしない。一体どうなっているのだ！」とお考えの管理職や、「同期入社の三人の若手がいるが、うち二人は順調に成長しているが、一人の成長が著しく遅い。仮に遅いのは仕方ないにしても一向に焦る様子もない。何なのだあいつは！」という職員もいることでしょう。当然、不満ですよね。

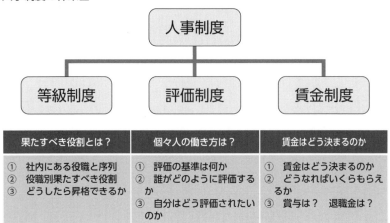

でも、ここまで読んで気づかれたと思いますが、これらはすべて「等級制度」があれば解決すると思いませんか？

先程もお伝えしましたが、所長先生の不満の大半である「役職・経験年数に応じた働きをしてくれない」というのはほぼ等級制度の問題で、等級制度を決めて職員に示すことがまさに「キャリアプランを示すこと」なのです。

④ 人事制度を構築する

等級制度が理解いただけましたら、再度「人事制度」に話を戻し、次の賃金制度を説明します。

◉ 賃金制度

賃金制度というのは文字どおり「個々人の賃金を決める仕組み」のことです。

賃金には大きく①基本給、②基本手当、③各種手当、④インセンティブ、⑤賞与などがあり、これらによって「個々人の給料」が決定されます。その中で最も大きな割合を占めるのが「基本給」で、基本給は等級に応じて上がります。

ですから、賃金制度では「新たに入社したA君が最短で昇進・昇格し、定年まで達した場合、年収は一体いくらになるのだろうか？」や「全員が部長になれるわけではないけれども、仮に係長までは全員上がれて、標準的な昇格をした場合、年収は一体いくらになるのだろう？」ということをシミュレーションして、「ああ、このくらいならうちの事務所でも払えそうだ」と考えるのが賃金制度です。

このように「頑張れば頑張っただけ払うから頑張れ！」と発破をかけるのではなく、「頑張ったら具体的にいくら払うよ」という根拠を示すのが賃金制度です。これはこれから働く若手にとっても将来の見通しが立ち、給料を支払う所長先生にしても「賃金総額」の目途が立つため安心できます。

◉評価制度

そして最後が評価制度です。最初にお伝えしましたように、多くの先生がまず最初に「評価制度」とおっしゃいますが、等級が上がると基本給が上がり（賃金制度）、同じ等級の中でも頑張った人・頑張らなかった人に応じて配分を変えるための仕組みが「評価制度」ですので、人事制度の中では最後になります。

一般的な企業の場合は、単純に売上を上げた社員に売上に応じて配分すればよいので比較的単純ですが、会計事務所の場合には「売上はあまり大きくないけれど手がかかるお客様」なども いて、そういう仕事を引き受けてくれる職員がいないと困ると思います。

また、売上にはつながらないけれど、若手の面倒をよくみてくれたり、お客様からの突然の問い合わせに対応してくれたり、事務所のために献身的に働いてくれる方がいると思います。そういう方々をどう評価するか、大変悩ましいことですが、それも「評価制度」が担うことになります。

いかがでしょう？　最近の若者の考え方も含め、「キャリアプランを示すこと」が若者の採用と定着、そして既存職員のやる気アップにもつながることがわかりましたでしょうか？

よく、「最近の若者は面倒臭い」などという方がいらしゃいますが、むしろ私は「そういうことが何も決まっていない状態でよくこれまで働いてくれたなあ」という感覚を持っていて、時代とともに働く方々の考え方も変化する今、人事制度についてはしっかり考えられた方がよいように思います。

2 ミッションを浸透させる

職員がイキイキワクワク働く環境が整ったら、次は経営理念とミッション（使命）を所内に広めるための活動が必要です。

なぜ、ミッション（使命）を所内で共有することが大切かといいますと、申しあげるまでもなく、人員が増えて、多様な価値観を持った人を一つにまとめるには、共通の目的が必要であるということと、我欲を前面に打ち出したマネジメントでは、職員やお客様の賛同が得られないからです。

では、多様な価値観を持った多くの職員に、事務所の価値観を伝え、共有するにはどうしたらよいのでしょうか？　その一つの答えがクレドカードを使った教育です。

① クレド教育とは

まず「クレド（Credo）」とはラテン語で「志」「信条」「約束」を意味する言葉です。

これを「クレドカード」というカードにまとめ、社員教育に活用したことで特に有名なのが「リッツカールトンホテル」ですが、最近はその「クレド教育」を事務所内部の価値観教育に活用して成果を出している事務所も多いようです。

私が主催している「会計事務所5％倶楽部®」の

会員様に中にも、クレドカードを作成・活用し、成果を出している事務所は多数あります。

クレドは、事務所の存在意義・使命を示すミッション（MISSION）、中長期的に「こうなりたい、こうなっていたい」という願望を示すビジョン（VISION）、職員それぞれの日々の行動の判断基準

私が使用しているクレドカード（3つ折り・裏表）

を示したバリュー（VALUE）の大きく三つで構成され、それを一覧できるようにしたものがクレドカードです。クレドカードの形態に特に定まったものはありませんが、職員の方々が常に携帯できること、いつでも取り出し確認できること、お客様や出会った方々にお渡しして、事務所の考え方を説明できること、以上三つの要素を満たしていればよいのです。そういう意味では、「名刺サイズ」が適しているようです。参考までに弊社で使用しているクレドカードを掲載させていただきます。

では、クレドを作成・活用することがなぜ効果的なのでしょうか？

◉経営者にとってのメリット

① 経営者自身の思いが明確になる。

② 経営者自身に「判断の軸」が生まれ、経営判断がブレなくなる。

③ 売上目標のために仕事をするのではなく、

使命・ミッションのために仕事をするので、「売上をつくる」のではなく、「自らの考え方を広める」という発想に変わる。

④「考え方を広める」という思考になると、営業活動に対する恐れがなくなる。

⑤「事務所を大きくすること＝社会のため」となるので数値目標に目的性が生まれる。

⑥その結果、経営者自身のモチベーションが上がり、行動が意欲的となる。

⑦クレドの作成を通じて、職員と思いを共有でき、所内が一体化する。

ここまでが経営者の変化です。

◉職員の方々への効果

次に、職員の方々への効果ですが、

⑧経営者の思いをベースに職員がクレドを作成することで、経営者の思いを理解できる。

⑨クレド作成のためのディスカッションを通じて、職員の経営参画意識が高まる。

⑩仕事に目的性が生まれるので、お客様に対する接し方と、仕事の取組み方が変わる。

⑪お客様に事務所の基本となる考え方を明確に伝えることができる。

⑫その考え方に賛同してくれた方がお客様となるので、お客様との関係性が強固になる。

⑬クレドを所内で唱和・確認することで、前向きな組織風土が生まれる。

⑭新たに入った職員の方に価値観を教えるツールとなるので、人材教育が楽になる。

⑮同じ価値観の下に一体化するので、定着率が上がり、合わない職員がいなくなる。

という効果が期待できます。ぜひ皆様の事務所でも取り組んでみてください。そしてクライアントの企業様にも導入を勧めるとよいでしょう。

② 職員のスキルを高める職員教育

価値観の共有ができたら、次はスキル教育です。会計事務所に限らず、知識をお金に換える専門サービスの場合、担当者が専門知識を高めないことには、レベルの高いサービスは提供できません。また、レベルの高いサービスを提供できなければ、お客様に満足いただくこともできません。

ですから、事務所のサービスレベルを高めるためにも、事務所全体として職員のスキルアップを図るのは、事務所の義務であるといえます。

会計事務所の中には、以前の徒弟制度の名残のように、「先輩のやり方をみて盗んで覚えろ」的な感覚を持っていたり、「会計スキルは仕事をしながら自ら身に付けるもの」といった考え方が根強く残っておりますが、キャリアプランのところでもお伝えしましたように、今の若者は「きちんとした教育制度のない事務所」は敬遠する傾向にありますので、若手の採用に力を入れている事務所の皆様は、職員教育制度を整備されることを強くお勧めします。

例えば、ある事務所では、監査担当に必要なスキルや知識を二〇数単位に分け、各単位を二時間程度で教えられるように分類しました。

そして、新人が入った場合、先輩職員が講師となって、一定期間内で履修を終えるようにカリキュラムを組んでいます。そのかいあって、今では未経験の新卒職員でも、数か月後には担当先を持って監査に出られるようになっています。

また、ある事務所では、監査担当者に必要な知識を身につけるのに最適な書籍を課題図書として用意し、一定期間、個別学習をさせています。そして、ある程度学習を終えた時点で、幹部職員の前で、実際の試算表を用いた説明のロールプレイングを行い、合格すればお客様の前に出られるけれども、合格しなければ担当先を持たせない、といったやり方で未経験者を育成しています。

さらにある事務所では、所長先生が「会計事務所の仕事に向き合うスタンス」「経営者と話をする方法」「試算表の説明の仕方」「税務調査を視野に入れた月次処理の進め方」など、三〇本を超える教育動画を自ら撮影し、職員を採用すると一定期間内に自主学習するような仕組みをとっています。

このように、価値観もスキルも「自然と身につく」のを待つのではなく、きちんと身につけさせるための仕組みをつくることが大切なのです。

3 人材採用

それでは最後に、人材の採用について考えていきたいと思います。

私は、これまで多くの会計事務所とお付き合いをさせていただいておりますが、どの事務所でも、採用には頭を悩ませているようです。

会計事務所業界が厳しいといわれるようになった昨今では、業界全体への応募者も少ないのか、特に厳しくなっているように感じます。

事実、採用を考えている先生にお目にかかると必ず聞かれるのが、

- 誰かいい人材を知りませんか？　いたら誰か紹介してくださいよ
- なかなか反響がないのですが、どの募集媒体が一番集まりますか？
- どの募集媒体が一番質のよい人が採れますか？
- 経験者はどうやったら採用できるのでしょうか？

といったような内容です。

それだけ、よい人材が集まらないし、採用しても期待外れでうまくいかないということなのでしょう。

では、求める人材を採用するには、どのように考えるのがよいのでしょうか？

① 求める人材を採用するために必要な考え方とは

会計事務所のサービスは「人」で決まるということは、もはやいうまでもありませんが、ひとくちに「人」といっても、「処理能力が速い人」と「経営者に会ってクオリティの高いサービスを提供できる人」では求める人材が変わってきます。

ですから、求める人材を採用するには、事務所で必要としている人材像を明確にしなければなりません。

- 入所後、どんな仕事をさせたいのか？
- そのためにはどのようなスキルがあればよいのか？
- 高いパフォーマンスを発揮するために必要な能力は何か？
- 事務所でトレーニングできる能力と、もともと持っていなければならない能力は何か？

ここが不明確だと、面接で、ただ発言力のある人を選んでしまったり、オーバークオリティな人を採用することになったり、入所後、仕事と適性のミスマッチが起きる可能性がありますので、注意が必要です。

それらを明確にしたうえで、欲しい人材を採用するために心がけるポイントを挙げさせていただきます。

1 採用は、人が足りなくなってから考えるのではなく、採用予定を年間計画に盛り込む

2 採りたい人材が獲得しやすい時期を逆算して、募集活動を行う

3 募集にかかる費用をあらかじめ予算化し、かけるべき費用を惜しまない

4 よい人材が集まる場所に移転するなど、立地・建物にお金をかける

5 見栄えのよいウェブサイトを準備し、採用専用のページもつくる

6　リクルーティング専門のスタッフを置き（兼任可）、採用ノウハウを蓄積する
7　ウェブサイト・事務所案内等に掲載する集合写真やスタッフ写真はプロに任せる
8　SNSやYoutubeなどで事務所の情報を発信する

いかがでしょうか？　おおむね理解いただけるのではないかと思いますが、この中で特に意識すべき項目を解説させていただきます。

まず確認したいのは、「1　採用は、人が足りなくなってから考えるのではなく、採用予定を年間計画に盛り込む」ですが、多くの事務所では、職員が辞めることとなってから採用活動を始めることが多いようです。これですと、退職予定日までに採用して引き継ぎも行わなければなりませんので、「面接に来た方の中から選ばざるを得ない」といった状況になります。当然、採用基準も甘くなりますし、双方にとってよい結果を生まない可能性が高くなります。

できるだけ、年間で採用計画を立てて、計画に基づいた採用を行いましょう。

次に確認したいのは、「3　募集にかかる費用をあらかじめ予算化し、かけるべき費用を惜しまない」ということです。

募集広告を出すと、掲載期間や媒体によっては三〇万円前後から一五〇万円以上まで、かなり金額に幅が出ます。例えば「今年は採用のために三〇〇万円をかけて〇人採用しよう」と決めてあれば、それだけのお金をかけられますが、辞めてしまって急に採用するとなれば、できれば求人費用は安く抑えたいと思うのが通常です。

ですから、年間予算を決めて採用を行うということは、よい人材を採用するための特に重要な項目なのです。

そして、「4　よい人材が集まる場所に移転するなど、立地・建物にお金をかける」です。

これは、第五章の立地のところでもお伝えしましたが、よい人材が集まるかどうかは立地にかなり影響されます。これは自分が働くことを考えれば誰でもわかることですが、採用する側の立場になると、途端に意識から抜けてしまうようです。

長期にわたって事務所を拡大していこうと決めた以上は、常に優秀な人材を募集し続ける必要がありますから、好立地の事務所の家賃は広告宣伝費と割り切って、事務所移転も視野に入れていきましょう。

それから、ぜひ取り組んでいただきたいのが、「8　SNSやYoutubeなどで事務所の情報を発信する」です。

昨今の若者はつくられた情報よりも、口コミや生の声を重視する傾向があります。つくられた情報とはメディアから流れてくる情報や制作費をかけてつくられた映像・動画なのです。そういう意味では、制作会社がお金をかけてつくったウェブ

サイトの記事やインタビュー、動画なども「つくられたもの」と認識するため、なるべくお金をかけずに、日々の様子を撮りっ放しで発信している、SNS（FacebookやX（旧 Twitter）、Instagram）やYouTube等での発信は、若者にとっては非常に信憑性の高いコンテンツとなります。

ぜひ、若い職員を採るのであれば、コンテンツも若い職員に考えていただき、事務所全体で欲しい人材を採用する体制を構築すると効果が上がることでしょう。

②　人材採用は中途か新卒か？

次に検討すべきは、新卒を採用するか、中途（業界経験者）を採用するかです。

この章の前半でもお伝えしましたが、新卒を採用するか、中途を採用するかは所内の教育体制に

もよりますので、事務所の事情に応じて判断いただくしかありません。

理想論から申しあげれば、

1　新卒は他の事務所の仕事の進め方や価値観に染まっていないため所内教育がしやすい
2　若い人材が入ることで所内が活性化する
3　新卒を採用することで、新たな新卒を採用しやすくなる
4　中途と違って能力と報酬にズレがない（初任給に大差はない）
5　優秀な中途は流通しないので獲得しにくいが、優秀な新卒は採用できる可能性が高い

といった理由で、新卒採用の方が望ましいと思います。

しかしながら、新卒採用は、募集活動や採用できる時期が決まっていますので、会計事務所が繁忙期で人手がいるときに間に合わない可能性も高いため、繁忙期に採用する際や、事務所が急激に

成長しているときは、無条件に中途採用に頼らざるを得ないという事情もありますので、柔軟な対応が必要です。

③ 求める人材を採用するためのアプローチ法

それでは、求める人材にアプローチするにはどのような方法を活用すればよいのでしょうか？

表は、主な求人募集に有効な方法ですが、方法によって募集時期や得意・不得意、費用の高低がありますので、吟味して活用してください。

求める人材を採用するためのアプローチ法

	中途採用	新卒採用
無料	・ハローワーク ・事務所のウェブサイト	・大学の求人、就職課 ・インターンシップ制度
有料	・求人広告 ・転職雑誌 ・合同会社説明会 ・人材紹介 ・採用予定派遣 ・ヘッドハンティング	・就職雑誌 ・合同会社説明会

④ 採用で失敗しないために注意すべきこと

　では、採用時に誤った判断をしないためには、どうしたらよいのでしょうか？

ポイントは以下の三つです。

1　CUBIC（キュービック）等の適性検査を利用すること

2　個別面接だけで採用を決めないこと

3　必ず直属の上司に最終判断を任せること

まず、「1　CUBIC（キュービック）等の適性検査を利用すること」ですが、毎年何百人・何千人という応募者の面接を行う面接官であればわかるかもしれませんが、せいぜい年に数名、多くて数十名しか面接をしない会計事務所の方々が、わずかな時間、話をした程度で、相手の適性を見極めることは困難です。ですから、できるだけ適性検査を行って、本人の「みえない適性」を見極めるようにしましょう。適性検査の種類はさまざまですが、私のご支援先では株式会社トライアンフのCUBIC（キュービック）を導入しているところが多いので、触れさせていただきました。実際の導入等は各人でご判断願います。

　次は「2　個別面接だけで採用を決めないこと」ですが、これは個別面接の前に、事務所説明会を行い、グループディスカッション等で人物を見極める方法が有効です。

　個別面接だけで判断をしますと、どうしても自分の意見をしっかりと持ち、はっきりと意見を述べる人を高く評価したくなります。

　しかしながら、そういう人物でも、グループディスカッション等をみていると、他人が話している最中に話の腰を折ったり、相手の意見を否定して論破してしまったり、こちらが求めている質問とは違うことを答えたり、意外に本人の特性がみえてくるものです。

会計事務所の場合、正しいことをいうことも大切ですが、それ以上に経営者の話を聞き、必要なときに必要なアドバイスを行う能力も必要です。そうした能力は、一対一の個別面接ではなかなかみえてきませんし、判断を誤る可能性も大きいので、ぜひグループディスカッションを取り入れるなどして、個別面接だけでは判断しないようにしましょう。

また、面接の場では、誰でも自分をよくみせようと思って〝演技〟をしますので、個別面接で一、二回程度会ったくらいでは、人となりを判断することはできません。その意味でも、個別面接だけで判断しないようなやり方に変えていくべきです。

そして「3　必ず直属の上司に最終判断を任せること」です。

入所をすると必ず管理職のどなたかの下に配属されると思いますが、もし所長先生が管理職の方に相談せず勝手に採用してしまったら、おそらく、

その管理職は面白くありません。

また、管理職との相性もありますので、「この人なら大丈夫」という人物を選びたいことでしょう。ましてや、最終判断を自ら行ったということになれば、「所長が勝手に採用した」とはいえませんので、必死に育成することになります。

ですから、採用時は必ず直属の上司に最終判断を委ねるようにしましょう。

問題なのは、人物的、あるいは相性としてはやや難ありと思うような人物でも、保有資格に魅力があったり、前職での経験が豊富であったり、キャリアが高くて魅力的な人物をどうするか？　ということですが、私の経験上、多くの先生がこういう人物には心が動かされ、採用してしまうことが多いようです。そして数か月から半年後に残念ながら退所してしまうという傾向が強いようです。

企業経営をされていると、少しでも戦力になりそうな人、事務所の売上に即貢献してくれそうな

人に対し、心が動くのはやむを得ないと思いますが、「一瞬迷った」ということは、何か引っかかるところがあったということですから、そこは先生の直観を信じた方がよいと思います。

もちろんその後何もなく、うまくいく場合もありますが、概してうまくいかないことが多いようです。また、引っかかる点があったということは、相性的には難があったということですから、よいときは問題ないのですが、期待する成果を上げてくれなかった場合、心の底から本気になって関わることができなかったり、感情的に接してしまうなど、よい関係を築いていくことは難しいでしょう。

オーナーと管理・監督者が分離しているような大規模企業の場合は、相性等よりもスキルやポテンシャル重視でよいかと思いますが、オーナーと管理・監督者が一致している会計事務所では、所長との相性も無視するわけにはいかないようです。

しかし、最後は直属の上司に判断させましょう。

なぜかといいますと、前述の、所長との相性の件と同じで、実務的に入所後の指導をするのは直属の上司です。ですから今度は、所長がＯＫでも、上司はＮＧという場合、これもよい結果が得られませんし、自分の判断で採用した人物ですから、何があっても一生懸命に育てようとします。ですから、所長の目にかなうことは前提ですが、そのうえでの最終判断は直属の上司に委ねるようにしましょう。

⑤ 入所間もなく辞めてゆく三つのケース

最後に、みなさんの事務所でもきっとある、短期間で辞めてしまう職員の原因を解説したいと思います。

入社間もなく辞めていくパターンを分析してみますと、大きく三つに分けられます。

1　入社した翌日から三日以内に辞めていくケース
2　入社して一週間～一〇日で辞めていくケース
3　入社して一か月で辞めていくケース

まず、「1　入社した翌日から三日以内に辞めていくケース」の原因として考えられるのは、採用時に価値観の擦り合わせ（説明）が十分にできていなかったということです。

例えば、「うちの事務所は頑張ったらお金はしっかり払うけれど、その代わりとにかく仕事に厳しいよ。これまでも五人採用したけれど四人は残っていないよ。本当に大丈夫？　無理だったらほかへ行った方がいいよ」とか、「うちは、とにかくお客様に対するクオリティを上げることに全精力を傾けているから、もちろんしっかり指導するけれど、自分でも相当勉強しないとついてこられないよ。相当厳しいけれど、本当に大丈夫？」といったような、事務所の仕事に対する姿勢や考え方を十分に説明しないままに、科目合格をしている、経験がある、何となくよさそう、といった形式的な部分だけで判断し、「じゃあ、早速明日から来てくれる？」と安易に採用してしまった場合によくみられるようです。

こういったトラブルを避けるためには、とにかく事務所の情報や、求めるレベルや成果をしっかりと説明し、理解させてから採用するようにしましょう。

次の「2　入社して一週間～一〇日で辞めていくケース」は、働いてみたけれども、やっぱり自分がやりたい仕事ではなかったという、いわゆる職種のミスマッチが原因です。

例えば、入社したら毎日入力作業だけで、それがこのまま続きそうだとか、担当を持って頑張れると思ったら、上司のサポートと資料作成ばかりで、仕事がつまらないといったケースです。もちろん、入社一週間～一〇日でやりたい仕事を任されると思う本人に問題があるのかもしれませんが、一〇日も勤めれば、周囲の雰囲気から、自分がこの先どんな仕事を任されるのかなどはうすうすわかるものです。

ですから、入社後は実際にどういう職務でどういう内容を行うのか、その内容を十分に説明し、納得させたうえで入社させないと、このような残念な結果となることでしょう。

そして最後は、「3　入社して一か月で辞めていくケース」です。この一か月後というのは、「最初の給料をもらったのを区切りに辞めよう」ということです。このケースは、少なくとも一か月は働いてから辞めるということですので、職場と仕事が合わなかったということです。

前の二つに比べれば少しはましなような気もしますが、誰かが一か月もの間、教育担当として時間を割いていたわけですから、所長よりも教育係として指導した担当者のダメージの方が大きいといえます。

ですから、運用的には試用期間を設けるなどして、お互いにダメージのない方法で適性を見極めるなどの対策が必要です。しかし、「教育担当者のダメージ」を考えますと、やはり入社前に事務所の方針や考え方、職務内容や期待する成果などを十分に説明し、双方のミスマッチを最小限にとどめることが必要です。

以上、人材の採用と育成について解説しましたが、会計事務所が大きくなるにはとにかくよい人材の採用、育成、戦力化、そして定着してもらうことが不可欠ですので、事務所の発展のためにも、人材投資は戦略的に行いたいものです。

ただ、よい人材を採用することばかりに注力してしまうと、「優秀な人材に依存する事務所経営」になってしまいますので、事務所経営をなるべく仕組み化し、「普通の人でも回る仕組み」をつくっていくことも忘れないでください。

【第六章まとめ】……この章のポイント

▼ミッション（使命）の下に一体化した組織をつくるには、①共通の目的、②明確なキャリアプラン、③適正な評価の仕組みが必要である。

▼今いる人材を戦力化するには、使命（ミッション）の浸透と事務所内のトレーニングが有効である。

▼人材の採用は、求める人材像の明確化から始めること。方針が決まれば、採用方法・基準のポイントがはっきりし、雇用のミスマッチ防止にもつながる。

おわりに

まずは、本書を最後までお読みいただいた読者の皆様に感謝を申しあげます。特に今回は「改訂版」としての出版であり、これまで前作を手に取ってくださった多くの読者の皆様のご支持がなければ実現できませんでした。そういう意味では、今回お読みいただいた皆様はもちろんですが、これまでお読みくださった皆様にも心より感謝申しあげます。

この本の初版が発売となりましたのが二〇一四年ですが、まだその頃は「クラウド会計」が世に出始めて間もない時期で、特に「会計データの自動取込によって人が入力しなくなるなんてあり得ない」という声が多数聞かれた頃でした。また「売上一億円を突破すれば業界の上位五％に入る」という事実をこの本で知ったという方も多く、それを目標に頑張ってこられた先生も多数いらっしゃるようです。

あれから九年の歳月が流れ、クラウド会計と自動取込も一般的になり、従業員一〇人未満の事務所の廃業と統廃合が急激に進みました。わずか九年ではありますが会計業界も確実に変化をしておりますし、これからもさらに激しく変化をすることでしょう。

ただ、同時に人を使って事業を拡大していくうえでは変わらないもの・普遍的なものもたくさんあります。特に本書は「事務所を拡大するのであれば誰もが必ず通る道」をわかりやすく体系化したものです。「知っていることとできることは違う」とよくいいますので、本書であらかじめ知っていたから失敗しない・悩まない、ということではないとは思いますが、知らなければ「なぜ悩んでいるのか？」すらわかりませんが、本書を何度もお読みいただければ、「ああ、今はここで悩んでいるんだ。今この壁にぶつかっているのだ」とわかるので、心に余裕ができると思っております。

ですので、この本は「一回読んで終わり」ではなく、書棚に税法の本と並べて置いていただきながら、悩んだら読み返す、また悩んだら読み返す、という使い方をしていただけましたら、著者としてこの上ない喜びです。ぜひ末永く手に取っていただけましたらうれしいです。

最後に、本書の刊行に際し、大事な事務所経営を委ねてくださった多くの会計事務所の先生方や、快く取材に応じてくださった先生方、独立開業直後から今日まで「一億円突破の事務所づくり」を委ねてくださったご支援先の先生方、そして、私が体系化した数々のノウハウを、実際の事務所経営で実証してくださった「会計事務所5％倶楽部®」の会員事務所の皆様、そして私のコンサルティング活動を陰に日向に支えてくれている妻と子どもたちには心より感謝を申しあげたいと思います。本当にありがとうございます。

また、出版にあたりまして大変お世話になりました、第一法規株式会社の皆様、特に弊社に何度も足を運び、打ち合わせを重ねて下さいました大谷貴明様、伊藤悠里様には特に感謝申しあげます。

末筆ながら「改訂版」の発刊にご協力いただいた皆様方と読者の皆様方のますますのご発展を祈念いたしまして筆をおきたいと思います。

株式会社ooyaビジネスクリエイト　代表取締役　大谷　展之

著者

株式会社ooyaビジネスクリエイト　代表取締役

大谷　展之（おおや・のぶゆき）

会計事務所専門コンサルタント。大手経営コンサルティング会社で「会計事務所コンサルティングチーム」を立ち上げ、軌道に乗せた後、2012年１月、株式会社ooyaビジネスクリエイトを設立。

売上１億円突破の事務所づくりをテーマに売上3,000万円～８億円規模まで、全国の会計事務所の経営支援に携わっている。

売上１億円突破を目指す会計事務所のための「会計事務所５％倶楽部®」も主催する。

YouTube：会計事務所経営者チャンネル

メールマガジン：会計事務所業績アップレポート

サービス・インフォメーション

通話無料

①商品に関するご照会・お申込みのご依頼
TEL 0120（203）694／FAX 0120（302）640

②ご住所・ご名義等各種変更のご連絡
TEL 0120（203）696／FAX 0120（202）974

③請求・お支払いに関するご照会・ご要望
TEL 0120（203）695／FAX 0120（202）973

●フリーダイヤル（TEL）の受付時間は、土・日・祝日を除く9:00～17:30です。

●FAXは24時間受け付けておりますので、あわせてご利用ください。

改訂版　会計事務所
売上1億円突破へのロードマップ

2024年１月15日　初版発行

著　者　大 谷 展 之

発行者　田 中 英 弥

発行所　第一法規株式会社
〒107-8560　東京都港区南青山2-11-17
ホームページ　https://www.daiichihoki.co.jp/

会計事務所１億改　ISBN 978-4-474-09398-0　C2034 (9)